A la fois personnel et universel, le livre de Rachelle nous fait réfléchir sur l'adaptabilité humaine et les défis de l'expatriation. C'est avec générosité et bienveillance qu'elle nous inspire à être des personnes courageuses, aventurières avec un cœur beau et gros et des yeux qui sourient à la vie.

Maryse Beaujeau-Weppenar, Directrice Générale Réseau-Femmes, Colombie-Britannique

Touchant et authentique, le récit de Rachelle nous invite à découvrir les joies et les déconvenues de la vie de nomade. Si je devais n'utiliser qu'un mot pour qualifier et résumer *La Vie Qui M'a Choisie* ce serait *Résilience*. Oui, Rachelle = Résilience !

Vanessa Groult, Directrice Générale

Fondation des Francophones de la Colombie-Britannique

Dans son récit, Rachelle donne un éclairage pertinent sur la vie d'expatries trop souvent idéalisée. Au travers d'anecdotes on devine un pays complexe et on découvre les façons de s'en accommoder, ou pas. Un beau témoignage. Merci Rachelle !

Carine Bocabeille-McEwen

Présidente, Amicale 50+, Vancouver

« *La Vie Qui M'a Choisie* » nous offre le privilège de partager les réalités et les défis du « travail » de Rachelle en tant que mère et épouse différente. Avec un talent qui nous fait voyager dans l'espace et le temps, Rachelle nous partage l'intimité de sa famille et contribue ainsi à notre apprentissage de la vie, de la force des femmes de couleur où qu'elles soient, et de l'importance de la diversité, équité et inclusion (DEI).

Marielle de Vassoigne, écrivaine

"Choosing Love over Pride", "New Beginning in Vancouver"

La Vie Qui M'a Choisie:

Bonjour la Russie!

2003-2005

Un récit autobiographique

Rachelle Rasolofo-Czerwinski

La Vie Qui M'a Choisie

Droits d'auteur © 2025 par Rachelle Rasolofo-Czerwinski

Tous droits réservés. Aucune partie de cette œuvre ne peut être reproduite, distribuée ou transmise sous quelque forme ou par quelque moyen que ce soit, y compris la photocopie, l'enregistrement ou d'autres méthodes électroniques ou mécaniques, sans la permission écrite de l'auteur, sauf dans le cas de brèves citations incorporées dans des revues critiques et de certaines autres utilisations non commerciales autorisées par la loi sur les droits d'auteur.

ISBN :

Table des matières

Préface vi

QU'EST-CE QUE JE FAIS ICI ? 1

UNE FAMILLE CHANGEANTE DANS UN PAYS CHANGEANT 21

LE CLUB SOCIAL DE MOSCOU 43

LA GRANDE MACHINE SOVIÉTIQUE 67

AÉROPORTS 87

REMERCIEMENTS 105

Préface

Ce livre décrit la dernière étape de notre périple familial à travers six pays et trois continents, au service du Programme alimentaire mondial (PAM) des Nations Unies, avant de finalement nous réinstaller de manière permanente au Canada en 2005.

Notre famille était composée de mon mari Chris, représentant du PAM en Russie, de moi-même en tant qu'épouse à la traîne, de notre fils aîné Michael, adolescent rebelle, et de son frère Nicholas, non-verbal et avec un handicap psychomoteur important.

J'ai choisi d'écrire en premier lieu sur notre séjour en Russie, car ce dernier chapitre de nos 20 ans de vie nomade a été le plus difficile pour moi sur un fond de guerre brutale et de racisme flagrant. Durant ces deux années en Russie de 2003 à 2005, je me suis sentie tour à tour frustrée, isolée, déracinée, vulnérable et même effrayée. J'ai aussi écrit ce chapitre en premier car il était le plus frais dans ma mémoire.

Peut-être avais-je aussi ressenti le besoin de déballer le

poids de cet épisode afin de pouvoir enfin m'installer dans ma nouvelle vie au Canada.

"Quand la mémoire va chercher du bois mort, elle ramène le fagot qui lui plaît." Proverbe africain

Vancouver, Décembre 2024

La Vie Qui M'a Choisie

QU'EST-CE QUE JE FAIS ICI ?

C'était la mi-août 2003 et à travers la fenêtre, je regardais la pluie tomber sans relâche, reflétant le gris de notre nouvelle vie à Moscou après cinq années ensoleillées au Caire. Nous venions de déménager à Moscou pour notre septième affectation à l'étranger. Quitter l'Égypte fut difficile pour moi. Pendant ces cinq années là-bas, je m'étais fait de nombreux amis, aussi bien égyptiens qu'étrangers, et j'étais fière de mes différentes activités. J'avais contribué au premier répertoire des besoins spéciaux du pays, enseigné la fabrication de bijoux en français et en anglais et présidé à l'Association des conjoints des Nations Unies. Je me suis sentie chez moi en Egypte et partir pour Moscou s'était avéré très pénible.

Nous avions espéré qu'en arrivant à Moscou à la mi-août, nous aurions eu un aperçu de l'été russe. Hélas, cet été 2003 avait été l'un des pires de l'histoire russe. Nous habitions un appartement-hôtel situé dans une banlieue morne de Moscou, et il avait plu tous les jours pendant deux semaines. Certains jours, le vent soufflait si fort que j'avais du mal à marcher avec Nicholas. Alors, nous nous promenions dans le couloir de l'hôtel, et j'attendais que Chris, mon mari, rentre à la maison pour faire quelques courses.

Environ trois jours après notre arrivée, Chris annonça avec enthousiasme qu'il devait partir en mission de deux semaines dans le nord du Caucase !

"Tu pars ? Déjà ? Pour deux semaines ? Mais nous venons à peine d'arriver !"

"C'est mon travail, Rachelle, c'est pour cela que nous sommes ici."

Oui, c'était vrai, la raison pour laquelle nous étions en Russie était le travail de Chris qui consistait à fournir une aide alimentaire à la Tchétchénie déchirée par la guerre. Quant à moi, mon travail consistait à le suivre et à veiller aux besoins de la famille et peut-être, en dernier lieu, à mes propres besoins. Donc, me voilà seule dans un pays inconnu avec un enfant gravement handicapé et un adolescent rebelle ! Nous ne parlions pas russe, nous n'avions pas de maison, pas de voiture, pas d'amis. Quelle misérable solitude !

Pour la première fois de notre vie nomade, je ne ressentais pas l'enthousiasme familier de découvrir un nouveau pays. Rien que d'y penser, je me sentais fatiguée, fatiguée à l'idée de me faire de nouveaux amis, de chercher une nouvelle école pour Michael et surtout de trouver du soutien et des services pour Nicholas.

J'ai toujours su que nous finirions par quitter l'Égypte un jour ; après tout, cela faisait partie de notre vie d'expatriés, cependant en regardant la pluie tomber à travers ma fenêtre, je ne pouvais m'empêcher de penser : « Si au moins nous avions pu rester en Égypte, ou si au moins nous étions allés en Indonésie… ».

Mais contrairement à moi, vers la fin de notre séjour, Chris avait développé une aversion intense pour l'Égypte en raison principalement des querelles incessantes entre les membres de son personnel. Il était également frustré par la lenteur des progrès de ses projets, par la politique de l'aide au développement international. Et surtout, il détestait

Mohamed, notre dernier propriétaire, un ancien colonel de l'armée égyptienne formé en Russie.

Chris avait trouvé notre premier logement au Caire sur une rue très fréquentée, à sens unique. Nous nous entendions très bien avec Mahmoud, notre propriétaire. Mais quatre ans plus tard, j'ai voulu déménager pour aller dans un quartier plus calme, plus résidentiel, plus proche de l'école des enfants. Pour y parvenir, je me suis occupée de tout le déménagement. Pourtant, Chris avait mal accepté ce changement, donc dès qu'il y avait un problème avec cette maison, c'était de la faute du propriétaire et de la mienne. Par exemple, le circuit électrique défectueux à la maison. Chris harcelait quotidiennement le propriétaire pour qu'il vienne le réparer. Et le propriétaire traînait des pieds,

« Bien sûr, il fait exprès », disait Chris et moi j'étais coincée entre les deux, essayant de maintenir la paix. Au printemps 2003, Chris avait soumis sa liste de préférences pour notre prochaine affectation : directeur en Russie ou directeur adjoint en Indonésie. Il voulait la Russie où il serait le patron, tandis que je préférais l'Indonésie pour son climat et sa culture similaire à celle de Madagascar, mon pays d'origine. Lorsque Chris annonça que notre prochaine affectation serait la Russie, j'ai secoué la tête :

"La Russie ? Nyet, il fait trop froid !"

Il fit de son mieux pour me convaincre : « Tu sais, le froid ce n'est pas si terrible, en plus c'est en Europe, on sera près de Berlin, Paris, tu vas aimer tu verras… » Finalement, j'ai cédé, sachant à quel point c'était important pour Chris d'être le chef. Tout cela me rappelait, bien sûr, que sa carrière était la chose la plus importante pour lui, et que j'étais simplement une épouse accompagnante, une sorte d'immigrée privilégiée des temps modernes.

Oui, je connaissais les défis qui m'attendaient : J'allais arriver dans un nouveau pays, apprendre une nouvelle langue, trouver une école pour Nicholas avec ses besoins multiples, suivre les études de Michael et me faire de nouveaux amis.

D'un autre côté, j'arrivais avec un visa diplomatique et j'avais le soutien du bureau de Chris. J'aurais vraiment dû me sentir plus enthousiaste car il y a certainement pire.

Nous avons quitté le Caire et, après avoir passé un court été à Vancouver chez mes beaux-parents, nous sommes arrivés à Moscou à la mi-août. L'école de Michael, l'école anglo-américaine de Moscou, a commencé peu de temps après notre arrivée. Après le départ de Chris pour Ingouchie, je me suis assise à la table de la cuisine pour nourrir Nicholas, me sentant vide et seule en fixant la pluie battante dehors : "Mais qu'est-ce que je fais ici ?"

J'avais été une épouse accompagnante pendant près de 20 ans, et pour la première fois, je me sentais vaincue, seule et fatiguée. Fatiguée de recommencer dans un nouveau pays, d'avoir à trouver une maison, chercher des écoles, apprendre une nouvelle langue et trouver des amis. Je n'avais jamais ressenti cela auparavant, mais je l'ai profondément ressenti à Moscou.

Pourquoi Moscou était une expérience complètement différente pour moi ? Il y avait bien sûr le climat qui était radicalement différent de l'Égypte où il pleuvait 5 jours par an et le reste de l'année était sec, chaud et ensoleillé.

J'ai également réalisé que nos deux affectations précédentes, Pékin, ensuite le Caire avaient pour moi, un avantage important : j'avais de l'aide à l'arrivée. Lorsque nous avons déménagé de Rome à Pékin, j'ai emmené Barbara, l'assistante italienne de Nicholas, avec nous pour nos trois premiers mois. En plus, nous avions engagé Mme Guo, l'aide domestique de notre prédécesseur avant notre arrivée.

Quatre ans plus tard, lorsque nous avons déménagé de la Chine en Égypte, j'ai convaincu Mme Guo de venir rester avec nous pendant les trois premiers mois. À Moscou, cependant, je n'avais personne pour m'aider ni avec Nicholas ni avec le déménagement. Comment avais-je pu laisser cela se produire ? Nicholas avait 15 ans et avait besoin d'aide pour tout : s'habiller, manger, se doucher, marcher. Et en plus il ne parle pas. En tant que mère, je comprends son langage corporel comme battre des mains quand il est content ou fermer la bouche quand ça ne va pas, mais pour les autres, ce n'est pas aussi facile de comprendre ses états d'âme.

Finalement, les choses se sont petit à petit améliorées même avec l'absence de Chris. Michael a utilisé les transports en commun pour se rendre à l'école tous les jours, ce qui m'a laissé du temps pour continuer à chercher une école pour Nicholas ce qui était loin d'être évident. Il ne pouvait pas aller dans une école publique russe car les élèves aux besoins spéciaux ne pouvaient pas fréquenter les écoles publiques en Russie. Et personne au bureau de Chris ne connaissait une école privée qui accepterait Nicholas. L'assistante de Chris, Tatiana, qui est devenue comme une seconde mère pour moi, s'était renseignée partout mais n'avait encore rien trouvé. En attendant d'avoir des nouvelles d'elle, chaque matin après le petit-déjeuner, Nicholas et moi faisions une longue promenade dans le quartier et rentrions vers l'heure du déjeuner.

Notre appartement-hôtel n'était pas situé dans un quartier résidentiel, mais plutôt dans une banlieue ouvrière de la ville. Nous étions entourés de grands immeubles gris, longés par une grande route animée. Il n'y avait ni parcs ni magasins à proximité. Nicholas et moi marchions bravement malgré le vent, la pluie et surtout les regards des passants. Nous étions là, dans les rues de Moscou, un garçon qui marchait comme Donald Duck et sa mère, une femme de couleur. Les gens, jeunes et vieux, hommes et femmes, que ce soit sur le trottoir, en bus ou en voiture, tous nous dévisageaient avec curiosité. Ils n'avaient pas l'habitude de voir une personne handicapée et encore moins avec une personne de couleur.

Si moi je me demandais ce que je faisais à Moscou, eux devaient se demander exactement la même chose : » Mais qu'est-ce qu'elle fait ici ? Avec cet enfant ? »

Je ne savais pas si je devais me sentir effrayée ou agacée par toute cette attention, mais je commençais à me sentir sérieusement déprimée.

Peu de temps après avoir développé notre routine du matin, j'ai assisté à une réunion qui faisait partie de notre programme d'orientation, organisée par un groupe de femmes expatriées pour aider les nouveaux arrivants. La réunion se tenait dans un luxueux hôtel du centre-ville, où Igor, un jeune homme russe bien habillé et à la voix douce, tenait à nous enseigner les règles de vie à la russe. Je ne me souviens que des interdictions :

• Ne saluez pas les gens sur le seuil de votre porte, cela porte malheur. Saluez-les soit à l'extérieur de votre porte, soit à l'intérieur.

• N'offrez pas de chrysanthèmes en cadeau car c'est ce qu'on offre aux funérailles.

"Il y a aussi quelques dates importantes à retenir", continua Igor. "Le 8 mars, Journée internationale de la Femme, par exemple. Chaque homme offre des roses rouges à toutes les femmes de sa vie : sa mère, sa femme, sa maîtresse (!), ses sœurs, ses enseignantes, etc. Et si vous ne le faites pas, vous risquez de grands problèmes !

« Ah, une autre date importante, ajouta-t-il, aux alentours du 20 avril, si vous êtes d'origine asiatique ou africaine, essayez de ne pas sortir dans la rue. Si vous devez absolument sortir, évitez ces groupes de jeunes hommes vêtus de vestes noires et chaussés de bottes de cuir."

Les quelques femmes africaines et asiatiques de notre groupe se regardèrent abasourdies, puis l'une d'entre elles leva la main avec hésitation : "Et… pourquoi cela ?"

Le présentateur soupira, légèrement embarrassé. "Le 20 avril, c'est l'anniversaire d'Hitler, et il y a des skinheads et des néo-nazis qui veulent célébrer cette journée à leur manière, en portant des chaînes etc.

Quand il vit notre air perplexe, il hésita en fixant du regard ses chaussures noires bien cirées : "Bref il vaut mieux les éviter...".

Je frissonnais :« Qu'est-ce que je fais ici en tant que femme de couleur et mère d'un jeune homme handicapé ?» Voulant en savoir plus sur les attaques racistes, j'ai commencé à lire de manière plus attentive le Moscow Times, le journal local. J'ai été choquée par les incidents raciaux et antisémites qui se produisaient chaque jour : Des étudiants africains agressés dans le train de nuit, une jeune fille du Caucase poignardée au marché alors qu'elle se promenait avec ses parents. Et plus près de nous, l'un des collègues de mon mari, originaire du Népal, a échappé de justesse à une attaque dans la rue.

« Mais qu'est-ce que je fais ici ? »

Je me sentais terrifiée et vulnérable. Moscou n'était pas fait pour moi ni pour mes enfants. Je ne me sentais ni en sécurité, ni bienvenue, ni acceptée ici. Après la réunion d'orientation, sur le chemin du retour, je ne pouvais penser à rien d'autre qu'à l'Indonésie et aux hibiscus du jardin qu'on aurait eu.

Ici, je ne pouvais pas sortir le 20 avril jour d'anniversaire d'Hitler, car c'était trop dangereux, incroyable !

La Russie était le choix de Chris pas le mien. Moi, j'avais choisi l'Indonésie. Que Chris soit le deuxième en Indonésie m'importait peu. Il fait beau toute l'année en Indonésie, il y a des parcs, des pelouses et des arbres. Je me serais intégrée facilement avec la population locale qui me ressemble de toute façon. Et en plus nos ancêtres à Madagascar sont venus d'Indonésie !

En plus, là-bas, j'aurais eu de l'aide comme en Chine ou en Égypte. Sous le poids de tous les défis à surmonter à Moscou j'étais au bord de la dépression. Je voulais juste rentrer chez nous, à la maison, mais c'était où chez nous ?

C'était où chez moi ? Je suis née à Madagascar, le plus loin possible du Canada ! Mon père était un officier de l'Armée Française avant que le pays ne devienne indépendant en 1960. Quand Madagascar est devenu indépendant, le gouvernement a demandé aux officiers Malgaches s'ils voulaient revenir à Madagascar et former l'Armée Nationale Malgache. Mon père a fait partie du premier groupe d'officiers. J'ai fait mes classes primaires dans le Sud de la France, à Fréjus et St-Maixent, et quand nous sommes rentrés à Madagascar, j'ai dû apprendre le malgache, le français étant ma première langue !

Plus tard, après le baccalauréat, je me suis inscrite à la filière Économie et Gestion de l'Université d'Antananarivo, la seule université existante à l'époque.

Après l'université, je suis allée un an au Kenya pour pratiquer mon anglais, suis revenue à Madagascar et j'ai réussi (grâce à mon anglais justement) à décrocher un job avec Air France comme agent de comptoir.

Et un beau jour, Chris est venu à mon comptoir réserver un billet d'avion pour le Cameroun !

Il est venu tous les jours pendant quinze jours, avec à chaque fois un petit changement à faire pour son voyage tel qu'avancer la date du départ, reculer la date du retour...

Et chaque fois qu'il venait, mes collègues chuchotaient entre elles avec un sourire au coin des lèvres et un clin d'œil : « Et voilà le Canadien de Rachelle qui arrive ! » Deux ans plus tard, en juin 1984, j'arrivais à Vancouver pour me marier et commencer une nouvelle vie au Canada. Six mois plus tard, Chris commençait sa carrière avec le Programme Alimentaire Mondial (PAM), une agence spécialisée des Nations Unies œuvrant dans l'aide alimentaire. Notre premier poste sera Ségou, deuxième ville du Mali en Afrique de l'Ouest après Bamako, la capitale.

Deux ans plus tard, nous sommes installés à Djibouti, un petit pays sur la mer Rouge coincé entre la Somalie et l'Éthiopie.

Nous avons commencé notre petite famille à Djibouti, Michael est né en 1987 et Nicholas en 1988. Nicholas a eu ses premières crises d'épilepsie à Djibouti, peu après ses premiers vaccins. Il a eu ses premiers vaccins à Vancouver à l'âge de deux mois, un mois plus tôt que la normale. Nous avons voulu tout faire au Canada parce que le système médical en Afrique ne nous semblait pas sûr pour les nouveaux nés. En plus, nous avions hâte de rejoindre Chris à Djibouti après trois mois à Vancouver dont un mois avant la naissance de Nicolas et deux mois après. Plus tard, le neurologue de Nicholas, Kevin Farrell, a expliqué que les vaccins n'étaient pas la cause de l'épilepsie mais plutôt un catalyseur de sa maladie, le Syndrome de West, également connu sous le nom de spasmes infantiles, qui touche un enfant sur 100 000.

À cause de la maladie de Nicholas, le PAM a décidé de nous transférer à Rome en 1989. L'Italie a été suivie de quatre ans en Chine, cinq ans en Égypte et deux ans en Russie.

Retour en Russie ! Retour à la réalité !

Un matin, Nicholas et moi sommes allés faire notre promenade habituelle. Nous nous asseyions régulièrement sur un banc pour regarder passer les bus. C'était un grand divertissement pour Nicholas, cela l'était moins pour moi, avec tous les regards des passagers qui nous dévisageaient à travers les fenêtres du bus.

Cela me donnait cependant un aperçu de la vie quotidienne russe. Ce matin-là, un autre matin gris et pluvieux, vers dix heures, un homme qui empestait l'alcool est venu à notre abribus à la recherche de bouteilles d'alcool vides. La Russie a toujours fait face à un problème énorme d'alcoolisme. La consommation d'alcool en Russie est l'une des plus élevées au monde, avec une consommation annuelle par habitant de 20,1 litres, l'une des plus élevées en Europe. En comparaison, le Canada et les États-Unis consomment environ 13,7 litres d'alcool pur par personne et par an. Un homme sur cinq meurt de causes liées à l'alcoolisme. En Russie, des enfants dès l'âge de 11 ans sont considérés comme alcooliques. L'alcool est vendu librement à chaque coin de rue ; nul besoin de montrer une pièce d'identité et apparemment, Mikhaïl Gorbatchev a perdu l'approbation du peuple russe lorsqu'il a voulu en vain réglementer la vente de vodka. Beaucoup boivent de l'alcool pour oublier la dure réalité de leur vie ou pour se réchauffer, voire les deux. Et chaque année, lorsque le printemps arrive et que la neige fond, des corps apparaissent dans certains fossés de Moscou, de pauvres ivrognes morts de froid.

Alors que nous étions assis sur notre banc, comme d'habitude, les passants nous regardaient fixement. Un bus s'est arrêté et une dame aux cheveux gris, d'une soixantaine d'années, nous a souri chaleureusement en descendant du bus, la première personne à nous sourire depuis nos deux semaines en Russie ! Encore plus surprenant, la femme s'est approchée de nous, a dit quelque chose en russe et nous a bénis. Oui, elle nous a bénis ! Elle a fait le signe de croix deux fois, une fois au-dessus de ma tête et une fois au-dessus de la tête de Nicholas. La dame murmurait en même temps, peut-être récitait-elle une prière. Alors que je reprenais mes esprits après le choc, elle a regardé dans son sac, a sorti deux bonbons et nous les a offerts ! J'ai encore ces bonbons précieusement enveloppés quelque part dans une boîte... Elle s'apprêtait à partir quand soudainement, comme si elle avait oublié quelque chose, elle est revenue vers nous, a regardé à nouveau dans son sac et en a sorti une petite bouteille d'eau.

Je me suis inquiétée. "Oh mon Dieu ! Elle veut que nous buvions cette eau ! Comment faire pour ne pas la boire ?"

Mais cette eau n'était pas pour boire ! Elle a ouvert la bouteille et l'a versée sur nos têtes en nous bénissant à nouveau ! Et avant même que je puisse dire quoi que ce soit, pfuitt elle était partie !

Nicholas et moi sommes souvent revenus nous asseoir à ce banc, espérant la revoir sortir du bus mais nous ne l'avons plus jamais revue. Je me souviendrai toujours de cette femme comme de notre ange russe, celui qui nous a

La Vie Qui M'a Choisie

donné le plus beau cadeau durant une des périodes les plus difficiles de ma vie : un sourire et une bénédiction.

Avec Tatiana, ma seconde mère en Russie

Rachelle Rasolofo-Czerwinski

Avec Said, notre guide culturel Malgache à Moscou

UNE FAMILLE CHANGEANTE DANS UN PAYS CHANGEANT

C'était le printemps de 2004, notre deuxième année en Russie, et au fil des semaines et des mois qui ont suivi, j'ai enfoui ma dépression et repris le cours de la vie... Après avoir visité une douzaine d'endroits, nous avions finalement trouvé un appartement qui n'était pas situé dans un ghetto d'expatriés et qui coûtait moins de 15 000 dollars par mois !

Tatiana, l'assistante de Chris, avait également trouvé une bonne école pour Nicholas : L'école Saint-Georges pour enfants handicapés. L'école Saint-Georges suivait la philosophie anthroposophique, initiée par Rudolf Steiner au début du XXe siècle. Par exemple, l'école ne servait que des repas végétariens et préconisait l'utilisation de matériaux naturels dans toute l'école : le coton, le lin et la laine. J'ai appris plus tard que Rudolf Steiner croyait également en la supériorité de la race aryenne, mais en y réfléchissant, je n'ai jamais rien vu provenant de l'école qui puisse être interprété comme de la discrimination raciale.

Chaque fois que nous y allions, nous nous sentions toujours les bienvenus.

La directrice avait recommandé deux femmes de l'école pour aider Nicholas : Anya et Masha. Anya était jeune, patiente et douce, et elle aimait Nicholas comme un petit frère. Elle était aussi toute petite, mesurant moins de 1m50, et j'étais toujours étonnée que Nicholas ne l'ait pas encore renversée lorsqu'ils descendaient les escaliers tous les matins pour se rendre à l'école.

Masha était plus âgée qu'Anya, juive et mère célibataire d'une fille de 8 ans. Elle était née en Moldavie, anciennement connue sous le nom de République Socialiste Soviétique de Moldavie, sous la domination russe. Elle avait séjourné quelques mois en Israël, mais était revenue en disant que la Russie était son pays. Masha connaissait toutes sortes de remèdes naturels pour chaque maladie, comme l'application de tranches d'oignon cru sur le dos pour combattre la fièvre. Elle m'a également appris à faire le bortsch, la soupe de betteraves rouges que les Russes adorent. Elle portait généralement des chaussures

Birkenstock et utilisait des produits Aveda et petit à petit, nous avons fini par l'appeler malicieusement Mme Birkenstock.

Notre famille vivait au deuxième étage d'un vieil immeuble au 40, rue Ostoshenka, non loin du célèbre parc Gorki. Il y avait un ascenseur, mais il commençait au deuxième étage. Nous payions 6 000 dollars américains par mois pour cet appartement spacieux de trois chambres. Olga, notre agent immobilier, pensait que c'était une excellente affaire, vu que d'autres expatriés payaient jusqu'à 15 000 dollars mensuels pour un appartement similaire ! Moscou devenait aussi cher que Londres ou Tokyo ! Je savais que Olga avait travaillé dur pour nous trouver quelque chose qui correspondait à notre budget.

Je me souviens du jour où je l'ai rencontré pour la première fois. L'agence immobilière avait appelé plus tôt pour dire qu'ils avaient quelques endroits à nous montrer et qu'ils enverraient un agent à l'hôtel pour venir me chercher à 15 heures.

À 15 heures, l'agent a appelé pour dire qu'elle m'attendait dans le hall. Je suis alors descendue et je suis allée directement vers une jeune femme blonde qui attendait visiblement quelqu'un.

"Bonjour", ai-je dit avec un sourire, "vous devez m'attendre !"

Elle a semblé confuse : "Non, je ne vous attends pas…"

Je me suis excusée et j'ai regardé autour de moi dans le hall pour voir si quelqu'un d'autre semblait attendre quelqu'un. Ne voyant personne je suis retournée vers elle avec un sourire :

"Je pense vraiment que c'est moi que vous attendez…"

"Non, pas du tout", dit-elle en secouant la tête, "je ne vous attends pas. J'attends une certaine Mme Czerwinski."

"Ah", ai-je dit triomphalement, "c'est moi, je suis Rachelle Czerwinski !"

Elle a failli s'étouffer d'embarras et s'est excusée profusément. "Oh, Je suis tellement désolée, je ne savais pas, veuillez me pardonner..."

C'était gênant, mais j'étais aussi désolée pour elle. Après tout, c'était partiellement ma faute ; j'aurais dû me présenter d'abord. Qui aurait pu deviner qu'une personne appelée Rachelle Czerwinski serait une personne de couleur ? Elle s'attendait probablement à une Polonaise blonde, aux yeux bleus et à la poitrine généreuse...

Ce jour-là, nous avons visité cinq appartements. Il y en avait un de très agréable, spacieux et bien éclairé, avec trois chambres et deux salles de bains sur la rue Tverskaya. Olga a dit que Tverskaya était la rue commerçante la plus chère de Moscou, l'équivalent des Champs-Élysées à Paris. Donc, à 7 000 dollars mensuels, c'était une affaire. En conduisant, elle m'a parlé de son petit ami nigérien, si beau avec sa peau couleur d'ébène. Lorsqu'elle m'a déposée, j'ai demandé à Saïd, notre chauffeur et guide culturel, ce qu'il pensait de l'appartement.

« Oui c'est une très belle rue, un beau quartier mais elle peut être bruyante la nuit. »

"Ah bon, comment ça, Saïd ?"

"Eh bien", a répondu Saïd avec un sourire, "la nuit, c'est l'une des rues préférées des prostituées parce que les clients sont riches dans ce quartier..."

"Ah, je vois..."

Eh bien, c'est vraiment utile d'avoir un chauffeur qui connaît la ville !

J'ai raconté cette histoire à Masha. Elle a beaucoup ri ! Pour elle, payer 7.000 dollars de loyer mensuel était impensable. Mais il est également vrai que c'était une bonne affaire sur le marché des locations aux expatriés.

Une fois la vie de Nicholas organisée avec l'école, j'ai enfin eu le temps et l'énergie de prendre des cours de russe. C'était une nouvelle langue avec un alphabet différent. Par exemple, le mot "restaurant" s'écrit "Ресторан" en caractères cyrilliques et se prononçait "restaurant". Les lettres cyrilliques étaient prononcées différemment des lettres anglaises, donc un mot m'a aidé à me souvenir de huit lettres de l'alphabet russe ! J'étais assez fière de moi même si je n'apprenais pas le russe aussi rapidement que le chinois ou l'arabe. Je me suis demandé si mon cerveau s'engourdissait après 20 ans de vie nomade. J'ai appris le chinois en Chine, l'arabe en Égypte et l'italien en Italie, mais je traine pour apprendre le russe. Tant d'obstacles sur mon chemin ! Un mode de vie différent, un temps terrible et le racisme évident me bloquaient psychologiquement.

En apprenant le russe, j'ai quand même été agréablement surprise de découvrir que de nombreux mots français se retrouvaient dans leur vocabulaire, grâce à Napoléon et à ses troupes : chocolat, porte-monnaie, cauchemar...

Sur le plan politique, un vrai cauchemar se dessinait. Le 9 mai 2004, le président tchétchène, Akhmad Kadyrov, avait été assassiné par une mine placée sous une tribune VIP lors d'un défilé de commémoration de la Seconde Guerre mondiale à Grozny, la capitale de la Tchétchénie.

Le travail humanitaire de Chris consistait à livrer de la nourriture en Tchétchénie, mais il était trop dangereux d'y aller directement à cause de la guerre, il travaillait donc depuis l'Ingouchie voisine. Par conséquent, tout ce qui se passait en Tchétchénie avait un impact sur son travail en Russie.

Le 1er septembre de la même année, lors de ce qui sera plus tard connu sous le nom de la crise des otages de l'école de Beslan, des terroristes tchétchènes ont pris en otage 1.128 personnes, dont la moitié étaient des enfants. Les preneurs d'otages ont exigé la libération de rebelles tchétchènes emprisonnés en Ingouchie et l'indépendance de la Tchétchénie vis-à-vis de la Russie. Le siège a duré 3 jours. Le troisième jour de l'impasse, les forces de sécurité russes ont pris d'assaut le bâtiment en utilisant des chars, des roquettes incendiaires et d'autres armes lourdes. Au moins 385 otages ont été tués, dont 186 enfants.

Malgré ces terribles événements, nous avons essayé de mener une vie aussi normale que possible : école, travail, maison. À la suite de la crise des otages de Beslan, Nestlé-Russie a fait don de neuf tonnes de nourriture à haute teneur énergétique pour aider à nourrir les otages : des barres de chocolat, des barres céréalières, etc. Chris a organisé l'envoi aérien à Vladikavkaz, la capitale de la République de l'Ossétie du Nord, l'aéroport le plus proche de Beslan. Plus tard, sa direction était consternée qu'il ait eu des relations avec Nestlé et que cela nuirait à leur image. Quoi qu'il en soit, il était trop tard, la nourriture avait été distribuée et Chris a décidé que parfois les besoins locaux urgents devaient primer sur la politique de relations publiques.

A la maison, Michael a commencé sa 11e année à «l'Anglo-American School» de Moscou. Ce serait sa sixième école dans 5 différents pays. Il a fréquenté Il Cigno à Rome, en Italie, pour la maternelle, puis la Britannia International School pour la première année. Je me souviens quand nous avons quitté l'Italie pour la Chine en 1994, Mike était sur la liste d'attente pour l'École internationale de Beijing. On ne savait pas s'il serait accepté. Heureusement, une nouvelle école, la Western Academy of Beijing, était en construction. Peu de temps après notre arrivée, Mike a pu commencer sa deuxième année.

Pat, la directrice de Britannia à Rome, était étonnée que notre famille envisageait même de partir pour la Chine sans préalablement avoir été inscrit dans une école.

"Vous êtes si courageuse, m'a-t-elle dit, une semaine avant le jour du départ. De pouvoir quitter comme ça le confort d'un foyer et de vieux amis pour vous engager dans une telle nouvelle aventure, et si loin !" Pat était arrivée d'Angleterre, il y a dix ans, et avait épousé un Italien, comme beaucoup de femmes britanniques le font lorsqu'elles visitent l'Italie. Elle disait souvent que l'Italie était assez exotique pour elle sans avoir besoin d'explorer des contrées lointaines !

Après la Chine, Mike a été accepté au « Cairo American College », au niveau intermédiaire. Cependant, à mi-chemin du programme intermédiaire, il a demandé à terminer ses études au Canada.

"J'en ai marre de tous ces déménagements", a-t-il dit, "Je ne cesse de perdre mes amis et recommencer à en faire de nouveaux." Nous ne pouvions pas vraiment argumenter avec ce raisonnement. Après tout, je ressentais souvent la même chose !

Ainsi, en automne 2001, Mike a fréquenté le Brentwood College sur l'île de Vancouver pour sa 9ème année pendant que nous sommes restés au Caire. Ses bulletins scolaires étaient mitigés. Il réussissait bien sur le plan académique et a même été élu major de promotion à la fin de l'année. Cependant, son comportement était une autre affaire ; peut-être que sa famille lui manquait tout simplement, mais nous savions qu'il passait beaucoup de temps à nettoyer les toilettes de l'école en guise de punition pour ses transgressions.

En automne 2002, il est retourné au Cairo American College pour la 10e année. Maintenant, il était impatient de terminer ses études secondaires à Moscou. Son année passée au Canada l'avait rendu plus reconnaissant des avantages de la vie d'expatrié. De plus, il était ravi que le nouveau proviseur de l'école Anglo-Américaine de Moscou soit Drew Alexander, son ancien proviseur adjoint au Collège Américain du Caire. Drew était très heureux de renouer avec nous lors de la réunion des parents.

"Quel changement par rapport au Caire", sourit-il. "Là-bas, pays musulman, l'alcool n'était pas autorisé aux réunions et ici c'est obligatoire, pas officiellement, mais nous savons qu'aucun parent russe ne viendra à une réunion « sèche ! »

L'école était située dans une banlieue de Moscou, à 45 minutes de chez nous. Au début, Alexeï, l'un des chauffeurs du bureau, conduisait Michael tous les matins et il rentrait ensuite en métro l'après-midi. Cependant, j'étais tellement inquiète des attaques racistes que j'ai demandé à Alexeï de suivre Mike dans le métro ! Il est rapidement apparu que cela n'était pas viable en termes de temps pour Alexeï et de fierté pour Mike. Avec un peu de recherche au sein de l'école, Michael a fini par partager un taxi avec Maria, la fille de l'attaché militaire finlandais qui habitait au coin de notre immeuble.

Pendant les vacances de printemps, l'école a organisé un voyage dans les montagnes de l'Oural pour les élèves de la 11e année. Au retour Mike a avoué être tombé follement amoureux de Sara*, une camarade de classe originaire de Bulgarie. (*Ce n'est pas son vrai nom pour des raisons de confidentialité)

J'étais impatiente d'en savoir plus : "Que fait son père ? Et sa mère ? "Où vit-elle ? Est-elle une bonne élève ?" Le père de Sara était directeur des achats chez Ikea. Non, Mike ne pouvait pas m'en dire beaucoup sur la mère de Sara. Il était principalement intéressé par Sara.

Un samedi après-midi, Mike est sorti avec Sara en ville. Chris était absent en Ingouchie mais devait rentrer ce soir-là. Vers 19 heures, Mike a appelé :

"Maman, est-ce que je peux amener Sara à la maison avec moi ce soir ?"

J'étais perplexe. "Que veux-tu dire, Mike, elle ne peut pas rentrer chez elle ?"

"Si, elle peut, mais... mais c'est plus facile pour elle de venir chez moi, sa maison est de l'autre côté de la ville et il se fait tard. Ne t'inquiète pas, elle a déjà demandé à sa mère et c'est d'accord."

J'ai hésité. Mike avait déjà ramené des amis à la maison pour la nuit dans le passé, mais jamais une fille. Et nous n'avions pas de lit supplémentaire dans l'appartement.

Des pensées tourbillonnaient dans ma tête pendant que je tenais le téléphone contre mon oreille : « Il n'a pas encore 17 ans. Il est trop jeune pour ramener une fille à la maison pour passer la nuit ! Mais si je dis non, ils feront quoi ? Ils iront où ? »

Mes craintes grandissaient en pensant à ces attaques racistes qui se produisaient après la tombée de la nuit.

" Bon, Je suppose qu'il vaut mieux que tu l'amènes ici plutôt que de vagabonder je ne sais où. Je laisserai la clé sous le paillasson."

Mike était ravi. "Merci, maman. Tu es la meilleure maman du monde !"

Je n'avais pas vraiment envie de rencontrer Sara. Je n'étais toujours pas d'accord pour qu'elle vienne passer la nuit, mais que faire d'autre à cette heure ?

J'ai soupiré : « Qu'est-ce que les autres parents feraient à ma place ? »

Après avoir couché Nicholas, j'ai décidé d'aller me coucher tôt avec le livre que j'avais commencé quelques jours auparavant, "Les Noces Barbares » de Yann Queffelec, Prix Goncourt 1985.

Vers 21 heures, j'ai entendu la clé tourner dans la porte, j'ai rapidement éteint ma lumière, faisant semblant de dormir. La porte d'entrée s'est ouverte et refermée, des lumières ont été allumées, quelqu'un a tiré la chasse d'eau, puis le silence et l'obscurité se sont abattus sur la maison.

J'avais du mal à me détendre même avec un si bon livre, me demandant si j'avais pris la bonne décision.

Peut-être aurais-je dû appeler les parents de Sara, peut-être aurais-je dû demander l'avis de Chris… Comment être un bon parent lorsque l'on a un adolescent dans un pays étranger ? Un pays étranger avec des attaques racistes, en plus !

J'avais besoin de me détendre. J'ai éteint la lumière et fermé les yeux afin de me concentrer sur la respiration classique du yoga « 4-7-8 », inspirer par le nez en comptant jusqu'à quatre, retenir son souffle jusqu'à sept pour enfin expirer par la bouche en comptant jusqu'à huit.

J'avais commencé à m'endormir progressivement 4-7-8, 4-7-8, 4-7-8 lorsque j'ai été interrompue par quelqu'un qui se dirigeait à pas de loup vers mon lit.

"Maman", chuchota Mike à mon oreille en s'agenouillant.

"Oui... Mike ?"

"Maman ? Où sont les préservatifs ?"

Je me suis figée. En tirant les draps sur mon visage, j'avais envie de crier :

"Non, ça ne peut pas être vrai... ça ne peut pas m'arriver à MOI ! Ça ne peut pas arriver à mon bébé !"

J'ai fait un geste lent en direction de l'autre côté du lit.

"Euh, dans le tiroir de ton père", chuchotai-je presque inaudiblement sous le drap.

"Merci, maman !" s'exclama-t-il ! Et fuitt il est reparti.

Je suis restée immobile dans mon lit, me demandant si tout cela n'était qu'un mauvais rêve. Mon bébé pouvait-il être en train de faire l'amour en ce moment, à côté de ma chambre, avec quelqu'un qui m'était totalement étranger ?

Je me suis retournée et j'ai cherché le sommeil. Inspire, retiens, expire, 4-7-8, 4-7-8...

Il était presque minuit lorsque Chris est arrivé d'Ingouchie. Il s'est couché à côté de moi et a allumé sa lampe de chevet.

"Tout va bien ici ? Mon voyage a été mouvementé, je t'assure", soupira-t-il d'une voix fatiguée.

"Eh ben, ma journée aussi a été mouvementée, crois-moi. Surtout ne va pas dans la chambre de Michael", chuchotai-je.

"Je n'avais pas l'intention d'y aller, mais pourquoi ? Il s'est passé quelque chose ? Il est malade ?" Chris était soudain inquiet.

"Non, il ne l'est pas, j'aurais peut-être préféré qu'il soit malade en effet", ai-je répondu avec irritation. "C'est juste qu'il y a une fille avec lui, dans sa chambre, elle s'appelle Sara, je ne la connais pas, c'est tout, ah quelle journée..."

"QUOI ? Mais comment… ?" s'exclama-t-il à voix basse.

"Je t'expliquerai demain", soupirai-je. "Je suis fatiguée, j'ai besoin de dormir – ah et il a aussi pris tes préservatifs. Et de toute façon, pourquoi n'es-tu jamais là quand j'ai besoin de toi ?"

Le lendemain matin, lorsque Chris s'est levé pour faire du café, Mike et Sara étaient déjà dans la cuisine. Mike faisait une omelette et Sara coupait des oignons, des tomates et des poivrons verts. Ils semblaient à l'aise l'un avec l'autre, se déplaçant l'un autour de l'autre avec la facilité qui vient généralement lorsque deux personnes ont passé la nuit ensemble. Sara portait un maquillage prononcé, elle avait plusieurs boucles d'oreilles et une bague dans le nez.

"Bonjour", dis-je avec un sourire forcé.

"Bonjour maman", dit Mike joyeusement avec un grand sourire, me faisant un bisou sur la joue. "Voici Sara."

Je l'ai observé du coin de l'œil, me demandant à moi-même : "Est-ce qu'il a déjà fait l'amour avant ? Était-ce sa première fois hier soir ? Est-ce la même personne que l'enfant qui riait aux éclats quand je le lançais en l'air ?" Soudain, je ne le reconnaissais pas.

"Ecoutons Vivaldi", dit Chris, sa tasse de café à la main, "comme le ferait Opa les dimanches matin, et nous pourrons rôtir un poulet ce soir, comme le ferait Oma."

Chris nous divertit avec sa dernière histoire. Il était en Ossétie du Nord en revenant de Tchétchénie. Lui et un collègue tchèque de la FAO, l'Organisation des Nations unies pour l'Alimentation et l'Agriculture, embarquaient dans un avion Antonov, un vieux modèle muni d'une rampe que l'on pouvait fermer de l'intérieur. C'était la seule porte de l'avion.

L'équipage avait fermé la porte et les passagers attendaient patiemment de décoller.

À ce moment-là, ils ont entendu de forts coups sur la porte avec une série d'injures. C'était le pilote qu'on allait oublier, il était dehors en train de fumer !

Le Tchèque comprenait le russe et a dit à Chris que le langage du pilote était plutôt coloré !

Mike et Sara ont ri de bon cœur, j'ai souri et secoué la tête, en pensant toujours à l'événement de la nuit dernière, comme si je voulais oublier un mauvais rêve. La scène ressemblait à un petit-déjeuner dominical normal. Chris voulait que cela ressemble à un dimanche matin normal, mais je savais que les choses ne seraient plus jamais les mêmes.

Avec Masha dans les rues de Moscou

Rachelle Rasolofo-Czerwinski

Avec Anya

LE CLUB SOCIAL DE MOSCOU

Au nom du « socialisme international », la Russie offrait des bourses modestes aux étudiants du monde entier, ce qui attirait des personnes de l'Asie, de l'Afrique, de l'Amérique du Nord et de l'Amérique du Sud pour vivre et étudier.

La plupart d'entre eux fréquentaient l'université Patrice Lumumba, également connue sous le nom de l'Université de l'Amitié entre les Peuples, à Moscou. L'université Patrice Lumumba a été créée en 1960 et est devenue un élément essentiel de la politique culturelle soviétique dans les pays non alignés de l'Asie, de l'Afrique et de l'Amérique latine pendant la guerre froide et au-delà. Il y avait aussi des étudiants internationaux dans d'autres villes de la Russie. Leur situation était ambiguë. D'un côté, le gouvernement les invitait en leur accordant des bourses, et de l'autre côté, une partie de la population, en particulier les groupes de droite les évitait.

Un de ces groupes, le parti néo-nazi était une organisation politique officielle ici, et il rejetait ouvertement les étrangers, en particulier ceux à la peau foncée. Fait intéressant, ils discriminaient également contre les Juifs, même si les Juifs russes me semblaient très russes. De nombreux étudiants africains avaient des petites amies russes, ce qui était mal vu par la société locale, encore pire lorsque ces couples avaient des enfants. Ces enfants métis étaient souvent harcelés à l'école et discriminés. Beaucoup se retrouvaient dans des orphelinats lorsque leurs mères russes abandonnaient leurs responsabilités parentales sous la pression de leur famille et d'une société hostile.

Notre famille a eu la chance de rencontrer certains de ces anciens étudiants car ils nous ont aidés à nous intégrer dans la culture russe. L'un d'eux était Lalao, une étudiante de Madagascar dont la mère travaillait pour l'ambassade malgache. Elle est devenue notre première baby-sitter, et c'est elle qui nous a présenté Saïd, notre chauffeur en Russie. Il était originaire de Mahajanga, la plus grande ville de la côte ouest de Madagascar. Il est venu en Russie en 1980 pour étudier l'ingénierie et a épousé une femme russe avec qui il a eu deux enfants. Malheureusement, comme de nombreux étudiants africains installés en Russie, après leurs études, il n'a pas pu trouver d'emploi dans son domaine. Et il ne voulait pas non plus retourner à Madagascar, sachant les difficultés pour y trouver un bon emploi. Ainsi, il est resté en Russie à travailler comme chauffeur pour des familles expatriées.

Un jour, Saïd me conduisait au supermarché Sidmoi Continent, le supermarché local de notre quartier. Nous avions souvent des conversations intéressantes dans la voiture, sur la Russie, les gens et la politique. Pour nous, Saïd était bien plus qu'un simple chauffeur ; il était aussi notre guide touristique et culturel.

« Saïd, combien de temps dure généralement l'hiver ici ? » ai-je demandé.

Avec un sourire en coin, il a répondu : « Il y a deux saisons principales en Russie : l'hiver vert en été et l'hiver blanc pour le reste de l'année. »

Je frissonnais, en pensant avec nostalgie à l'Indonésie et aux hibiscus sur les pelouses vertes.

« Et pendant l'été russe », dit-il en riant, « les jeunes femmes portent des jupes si courtes qu'elles ressemblent plus à des ceintures qu'à des jupes ! »

Selon Saïd, avant la glasnost et la perestroïka de Gorbatchev, il y avait les Babouchkas : les lourdes femmes russes avec leurs écharpes multicolores et leurs sabots. Maintenant, il y a les Dévotchkas, les femmes russes modernes soucieuses de la mode, avec des talons aiguilles et des manteaux de fourrure. Pour Saïd, cette image seule démontrait le bouleversement considérable de la société russe après la fin de l'empire soviétique en ouvrant la porte toute grande à un capitalisme débridé.

L'Union soviétique était un État communiste de 1922 à 1991, avec une économie hautement centralisée. De 1985 à 1991, Mikhaïl Gorbatchev a tenté de préserver le Parti communiste tout en modernisant l'économie. En quelque sorte, il voulait protéger le passé tout en veillant à l'avenir, une tâche impossible. Le 25 décembre 1991, Gorbatchev a démissionné et le lendemain, l'Union soviétique, également connue sous le nom d'URSS, a été dissoute.

Avant sa dissolution en 1991, l'URSS était la plus grande fédération du monde, composée de quinze pays : la Russie, l'Estonie, la Lettonie, la Lituanie, la Biélorussie, l'Ukraine, la Moldavie, la Géorgie, l'Arménie, l'Azerbaïdjan, le Kazakhstan, l'Ouzbékistan, le Turkménistan, le Kirghizistan et le Tadjikistan.

Ce n'est un secret pour personne que le dirigeant actuel de la Russie, Vladimir Poutine, souhaite restaurer l'ancienne grandeur de l'empire russe comme son héritage final.

Gorbatchev était tenu en haute estime dans le monde occidental, mais était méprisé en Russie pour de nombreuses raisons, notamment pour avoir démantelé l'empire, mais surtout pour avoir tenté de réglementer la vente de vodka. Il a été remplacé par Boris Eltsine, qui a ouvert la porte de l'économie russe aux oligarques, ce petit groupe d'opportunistes devenus milliardaires presque du jour au lendemain en achetant des parts des ressources naturelles du pays, principalement le pétrole et le gaz.

Donc pour Saïd, l'une des images du changement rapide de la société russe était la différence entre les babouchkas et les dévotchkas !

Oly, une étudiante en master en journalisme et en communication, a également rejoint notre équipe de baby-sitting. Oly était brillante et travailleuse ; elle ne pouvait pas rester assise plus de cinq minutes. Plus tard, comme un certain nombre de ses camarades d'études, elle a fait une dépression nerveuse et a dû retourner à Madagascar sans terminer ses études. Ses conditions de vie étaient trop difficiles. Les bourses du gouvernement russe comprenaient la gratuité des frais de scolarité, un logement en dortoir si disponible, et une allocation d'entretien soi-disant suffisante pour les repas. Cependant, les bourses ne couvraient pas les frais de déplacement et les autres dépenses de subsistance.

Avant son départ, Oly m'a présentée à Olivia, une autre étudiante malgache qui vivait à Voronezh, une petite ville située à 100 km de Moscou. Comme de nombreux étudiants, la maigre bourse d'Olivia couvrait à peine ses besoins essentiels. Elle avait eu la polio étant enfant et boîtait. Je voulais l'aider financièrement en lui proposant un emploi à temps partiel, et je me sentais rassurée de savoir que nous avions une baby-sitter de secours pour Nicholas. C'était la combinaison parfaite !

Olivia n'avait aucune expérience de baby-sitting, mais j'étais optimiste quant à sa motivation à apprendre. Nous avons donc prévu deux sessions de formation l'après-midi avec Nicholas, et la troisième session serait plus ou moins sur le terrain, en situation réelle. Je pensais qu'elle était prête. Chris et moi, nous pouvions enfin assister à certains des événements diplomatiques auxquels nous étions invités mais que nous ne pouvions pas accepter jusqu'à présent faute de baby-sitters.

Maintenant que le problème de babysitting semblait résolu, nous avons enfin pu profiter des nombreux événements culturels qui se déroulaient à Moscou. La ville voulait être considérée comme l'une des grandes capitales mondiales, donc elle s'efforçait d'offrir des concerts avec des artistes locaux ou étrangers tout au long de l'année. L'un des groupes préférés de Chris était le Buena Vista Social Club, un ensemble de musiciens cubains créé en

1996 pour faire revivre la musique de Cuba d'avant la révolution. Nous étions ravis d'apprendre qu'ils donnaient un concert dans l'un des prestigieux théâtres de Moscou. Nous nous sommes empressés d'acheter des billets de gamme moyenne à 100 dollars chacun, et quand nous sommes entrés, nous avons été surpris de constater que le théâtre était à moitié vide. Nous nous sommes assis à nos places, à environ trois mètres de la scène.

Peu de temps après le début de la musique, la préposée est venue nous voir et nous a fait signe de nous rapprocher, nous avons donc avancé de trois rangées. Elle nous a ensuite encouragés à continuer « davai, davai, en avant, en avant » jusqu'à ce que nous étions assis au premier rang, des places à 600 dollars ! Apparemment, les musiciens cubains ont dit que les premiers rangs vides portent malheur alors quelle chance pour nous !

Je suis également allée voir « Cher » avec une amie et ses filles. Le concert était fabuleux, la scène spectaculaire avec des décors et des costumes époustouflants et à 58 ans, Cher est toujours aussi belle et énergique. Quelle soirée magique...

Ces expériences culturelles m'ont fait beaucoup de bien après des débuts difficiles et j'ai commencé à apprécier Moscou et sa riche scène artistique. Cela montre également à quel point la ville voulait être reconnue comme un centre culturel mondial.

Il y avait aussi un théâtre de chats très original !

La vie à Moscou était une expérience unique et enrichissante, malgré les difficultés rencontrées par les étudiants internationaux et les tensions raciales. Les rencontres avec Lalao, Saïd, Oly et Olivia ont élargi nos horizons et nous ont permis de nouer des amitiés durables. Nous étions reconnaissants de leur soutien et de leur volonté de partager leur expérience russe avec nous.

Un vendredi soir, nous sommes allés à une soirée organisée par Kasidis, le chef du Haut-Commissariat des Nations Unies pour les réfugiés (HCR) en Russie, et sa femme Lalita. C'était enivrant de pouvoir enfin passer une soirée sociale avec ces bons amis que nous avions déjà connus en Chine. Lalita était une excellente cuisinière et nous avait concocte un délicieux dîner thaïlandais. Lorsque nous sommes rentrés, fatigués mais contents, il était déjà passé 23 heures et Olivia essayait toujours de nourrir Nicholas ! Normalement, il était au lit à 21h30.

"Il ne veut pas manger", dit-elle nonchalamment en faisant face à Nicholas, une cuillère à la main.

Je me suis sentie un peu agacée parce que j'espérais que Nicholas serait déjà au lit et endormi à notre retour. J'ai enlevé mon manteau, accroché mon sac et me suis assise à côté d'elle.

"Ok, tu peux aller te coucher, je vais m'occuper de lui."

« Je préfère dormir chez une amie car je dois partir tôt demain matin. »

Je lui ai donné son salaire et elle est partie.

Je me suis assise en face de Nicholas et j'ai essayé de lui ouvrir légèrement la bouche. Parfois, il pouvait avoir un morceau de nourriture coincé dans la bouche qu'il ne voulait pas avaler, ce qui faisait qu'il n'ouvrait pas la bouche. J'ai doucement encouragé mon fils.

"Allez Nicholas, sois gentil, ouvre la bouche, mon chéri."

J'ai doucement glissé mon doigt au milieu de sa gencive inférieure. J'ai senti quelque chose d'étrange, comme un petit morceau de bois. J'ai de nouveau passé mon doigt sur sa gencive. Nicholas a déplacé sa tête, visiblement en souffrance. Mon cœur a sauté, qu'est-il arrivé pendant notre absence ?

J'ai appelé Chris pour m'aider à ouvrir la bouche de Nick pendant que je regardais à l'intérieur avec une lampe de poche. Il y avait un petit morceau de bois planté dans sa gencive et sa dent de devant bougeait.

J'ai cru que j'allais m'évanouir.

Chris a retiré le morceau de bois avec des pincettes, j'ai donné à Nick du Doliprane et un biberon de lait. Même à 17 ans, dans les moments de détresse, un biberon le calmait toujours. Oui mon fils sera toujours un grand bébé.

Après avoir couché Nicholas, je suis allée dans la salle de bain et j'ai cherché des signes de chute. Je soupçonnais qu'il devait être tombé quelque part. Dans la salle de bain, je me suis agenouillée et j'ai remarqué un petit éclat sur le meuble de l'évier !

Les mains tremblantes, j'ai appelé Olivia. Il était passé minuit, mais je me fichais bien de l'heure, je devais savoir ce qui s'était passé. J'étais triste et furieuse en même temps. La tristesse est vraiment de la colère désespérée, imprégnée d'impuissance.

"Olivia !!! je sais que Nicholas est tombé dans la salle de bain. Peux-tu s'il te plaît me dire ce qui s'est passé ?"

Je criais et tremblais en même temps.

"Euh Il était debout dans la salle de bain. Je l'ai juste laissé un instant pour prendre une couche dans l'autre salle de bain."

Je pouvais visualiser la scène : Nicholas debout près du lavabo, le pantalon de pyjama à moitié baissé, attendant d'être changé. Il a dû commencer à bouger, perdre l'équilibre, (évidemment comment peut-on marcher avec le pantalon à demi-baissé ???) tomber et se cogner la bouche sur le meuble.

J'étais tellement triste pour lui, si au moins il pouvait parler, il aurait pu appeler : » Olivia, viens vite, vite, je vais tomber ... !!!».

J'ai raccroché, toujours en tremblant et au bord des larmes.

Le lendemain, j'ai commencé à chercher une clinique dentaire réputée. Nicholas avait déjà perdu sa dent de devant au Caire quelques années auparavant lorsqu'il s'était cogné la bouche contre une portière de voiture. Kamel, notre chauffeur égyptien, avait agi rapidement, avait enveloppé la dent dans un mouchoir et avait conduit Nicholas chez le dentiste le plus proche. Étonnamment, le dentiste égyptien avait réussi à replacer la dent ! Cependant, la dent à côté était cassée en deux et ne pouvait pas être sauvée. À ce moment-là, Chris et moi étions en croisière sur le Nil avec des amis du Programme Alimentaire Mondial. Notre personnel ne nous avait rien dit avant notre retour car ils ne voulaient pas écourter notre voyage.

Je soupirais en me remémorant l'incident. Pauvre Nicholas, pauvre chéri, si seulement tu pouvais mieux t'exprimer, oui tu aurais appelé Olivia et lui aurais dit :

" Olivia ! Dépêche-toi ! Je vais tombeeeer !"

J'étais en colère contre Olivia pour sa négligence, mais j'étais aussi en colère contre moi-même. Olivia avait besoin de plus de formation. J'aurais dû lui accorder plus de temps de supervision avec Nicholas. Mais j'étais trop pressée de socialiser. Comment ai-je pu être si irresponsable ?

Tatiana, l'assistante de Chris, a appelé pour dire que le Centre Dentaire Adventiste jouissait d'une bonne réputation parmi les expatriés et les Russes fortunés. Le dentiste était américain. Il a secoué la tête en entendant comment Nicholas était tombé et s'était cassé les dents. Après l'examen, il a décidé de faire un traitement de canal radiculaire. Nicholas a toujours eu une grande tolérance à la douleur, et le dentiste a été assez impressionné de voir à quel point tout s'est bien passé. Quel soulagement !

Après avoir réglé le problème avec la dent de Nick, j'ai revisité l'idée d'adopter un enfant, peut-être un enfant russo-africain, peut-être une fille puisque nous avions déjà deux garçons.

Je me rappelle une conversation que Mike et moi avions eue au Caire lorsqu'il avait 11 ans et que Noël approchait. Il ne croyait plus au Père Noel mais il savait qu'il aurait des cadeaux.

« Maman, me dit -il avec un air très sérieux, pour Noel j'aimerai un cadeau spécial »

« Ah bon, des rollers ? »

« Non Maman, j'aimerai bien un petit frère pour Noel »

Je suis restée abasourdie : « Euh Michael, un petit frère ? D'abord ça prend neuf mois ! »

Bon, Michael ne croyait plus au Père Noel mais il n'avait pas encore maitrisé les mystères de la reproduction humaine.

« Ok Maman, ce n'est pas grave, je veux bien attendre »

« Bon mais tu sais, tu voudrais bien un petit frère mais tu sais que ce pourrait être une petite sœur… »

Il fait la grimace : » Oh une petite sœur ! Zut, Je n'y ai pas pensé, elle va me tirer les cheveux et pleurer tout le temps »

Il réfléchit un moment : « Bon ça ne fait rien, j'aurais préféré un petit frère mais bon... »

« Michael, tu sais que Maman n'est plus très jeune et il se pourrait aussi que ce bébé soit comme Nicholas... »

« Quoi ? Comment cela serait-ce possible ? » Son visage se fige.

Je soupire :« Il y a des chances même toutes petites, tu sais, personne ne peut le dire à l'avance... »

Il est exaspéré, au bord des larmes : « Oh Maman, pas possible ça, ok va pour les rollers ! »

Je ne sais que dire, je suis tellement triste pour lui qu'il n'a pas eu le petit frère qu'il aurait aimé avoir, un petit frère avec qui jouer, avec qui se battre, avec qui grandir ensemble.

Le soir après le diner, je raconte notre conversation à Chris et je prends mon courage à deux mains :

« Et si on adoptait un enfant russo-africain ? Il y en a

beaucoup dans les orphelinats russes en attente de familles adoptives. En plus ils ressembleraient à nos enfants, même couleur de peau, et on pourrait peut-être même avoir une petite fille ! ».

« Trop compliqué, Rachelle, avec notre vie de nomade, trop de responsabilités, trop d'incertitudes … »

J'ai soupiré. C'était si décevant. Je voulais juste essayer d'avoir une famille normale, pour moi, pour lui, pour Michael et pour Nicholas aussi.

Je savais que notre famille bénéficierait d'un troisième enfant. Michael et Nicholas avaient des besoins si différents qu'ils ne faisaient pratiquement rien ensemble. Pour moi, c'était comme élever deux enfants uniques et solitaires, l'un un adolescent rebelle, l'autre gravement handicapé.

Par exemple, le dimanche matin Chris et Michael allaient jouer du hockey sur glace dans un stade appartenant à l'armée rouge. C'était à 7 heures du matin, trop tôt pour réveiller Nicholas, le nourrir, l'habiller de vêtements chauds. C'aurait été une activité familiale bénéfique pour une famille normale mais nous n'étions pas une famille normale.

Quand je suis tombée enceinte de Nicholas, c'était un peu la surprise, Michael avait à peine six mois mais nous nous sommes dit que ça irait car ils grandiraient ensemble, donc ce sera un peu difficile au début avec tous les deux dans les couches et les biberons mais ce sera plus facile après. Qui aurait su que Nicholas resterait un grand bébé toute sa vie…

Ainsi, Mike n'a pas eu le frère ou la sœur qu'il aurait souhaité et moi je n'ai pas pu adopter l'enfant russo-africain qui m'attendait quelque part. Je me sentais irritée et frustrée dans ma vie d'épouse et de mère.

À bien des égards, nous étions une famille dysfonctionnelle vivant dans un pays dysfonctionnel.

Un jour, en parcourant le Moscow Times, j'ai été attirée par une annonce concernant une portée de trois chiots, deux mâles et une femelle, qui cherchaient une famille adoptive. C'était la réponse de l'Univers à mon problème ! J'en ai parlé à Mike et il était tellement enthousiaste à cette idée.

"Oui, maman, s'il te plaît, s'il te plaît, adoptons un chiot."

"D'accord, Mike, mais je pense que nous devrions le cacher à papa, car il pourrait dire non."

"Il sera d'accord dès qu'il le verra, Maman, il sera tellement mignon et tout !"

J'étais tellement heureuse de voir Mike si excité à l'idée d'avoir un frère ou une sœur à quatre pattes à défaut du petit frère qu'il aurait voulu pour Noël.

Saïd nous a conduit à l'endroit où les chiots étaient gardés. C'était dans une vieille université. La dame qui nous a accueillis nous a expliqué que les chiots avaient été laissés devant leur porte dans un carton. Mike avait hâte de voir les trois petits paquets de poils. Il en a pris un, puis un autre, puis le troisième, indécis.

"Maman, ils sont tous si mignons... lequel pouvons-nous prendre ?"

"Mike, en fait, je pense que nous devrions prendre la femelle, car il y a déjà trois mâles à la maison, j'ai besoin d'équilibre

Il a accepté à contrecœur mais ravi de cette nouvelle addition à notre famille.

Mike a tenu le chiot sur ses genoux pendant tout le trajet du retour, et quand elle a mouillé son jeans, cela n'a pas entamé son enthousiasme le moins du monde.

Nous avons introduit discrètement le chiot dans la maison, en attendant la réaction de Chris.

Quand Chris est rentré du travail, il n'a pas vu le chiot tout de suite, mais il a remarqué notre appréhension, surtout celle de Michael. Finalement, Mike n'en pouvait plus d'attendre et a amené le chiot.

"Papa, Papa, s'il te plaît, s'il te plaît, pouvons-nous la garder ?"

Chris soupire :"Bon, d'accord, je suppose que c'est un fait accompli, nous pouvons la garder, mais Maman et toi, vous allez devoir vous en occuper entièrement..."

"Merci, merci, papa ! Tu es le meilleur papa au monde ! Je suis tellement tellement content !"

J'ai décidé de l'appeler Shona, un prénom africain, en souvenir de la petite fille russo-africaine que je n'ai pas pu adopter.

Rachelle Rasolofo-Czerwinski

Nourrissant les pigeons

Joli sourire avant de perde ses dents

Rachelle Rasolofo-Czerwinski

Avec Shona

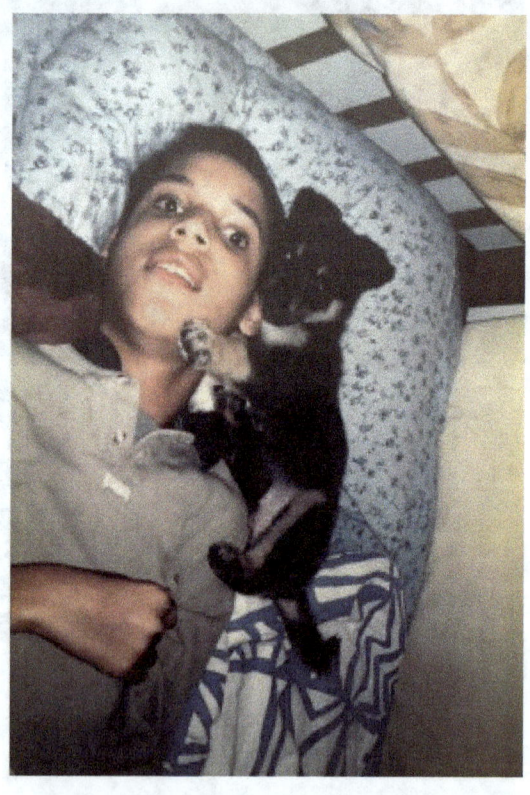

LA GRANDE MACHINE SOVIÉTIQUE

Notre famille a continué son installation dans ce pays étrange et difficile qu'était la Russie de 2003 à 2005. Grâce à Moscow Accueil, une organisation qui aide les expatriés francophones, j'ai trouvé une clinique médicale européenne et un gynécologue francophone. OUI, quelle chance ! Je devais discuter de questions assez intimes concernant une libido diminuée, alors j'étais contente de pouvoir me confier dans ma langue maternelle. Il était accueillant et plutôt bavard, et après quelques investigations initiales, il m'a assurée et rassurée que, selon lui, je ne devrais avoir aucun problème dans ce domaine.

"Vos résultats d'analyse sont bons", a-t-il souri. "Vous devriez normalement profiter d'une vie sexuelle épanouissante."

J'ai soupiré : "Eh bien, ce n'est pas le cas. Les rapports sexuels me font mal, donc ce n'est pas très épanouissant, docteur..."

"En y réfléchissant", a-t-il ajouté en jouant avec son stylo, "je suis encore étonné que les hommes et les femmes soient attirés sexuellement l'un par l'autre, car, d'un point de vue sexuel, ils sont vraiment différents."

"Laissez-moi vous donner un exemple", a-t-il poursuivi, "un homme qui marche dans la rue sera attiré par de jolies fesses rondes se balançant devant lui, tandis que la plupart des femmes que je connais ne réagiront pas du tout à la façon dont un homme marche devant elles. Ce qui ferait craquer les femmes, ce serait un geste attentionné ou une conversation stimulante..."

J'ai ri. Ce monsieur connaissait vraiment les femmes, car je n'ai certainement jamais prêté attention à la façon dont un homme marchait devant moi, et je prendrais certainement mes jambes à mon cou si son postérieur se balançait.

"Pour mieux illustrer ma théorie", a-t-il ajouté, "d'après mon expérience, ce qui compte pour les hommes, au premier regard, réside généralement en dessous des épaules, et pour les femmes, en revanche c'est au-dessus des épaules..."

J'ai levé les sourcils : "Vous voulez dire que pour les hommes, c'est le derrière et pour les femmes, c'est le cerveau ?"

Nous avons tous les deux éclatés de rire. Il haussa les épaules : "Eh bien, vous l'avez dit ! Que puis-je dire de plus ? Les femmes sont supérieures, vous savez, beaucoup plus intelligentes que nous..."

Il m'a renvoyée chez moi avec une ordonnance pour un lubrifiant vaginal. J'étais assez sceptique quant à ses bienfaits, peut-être devrait-il parler à Chris de la théorie du postérieur et du cerveau…

Étant donné que j'avais été assez satisfaite de mon gynécologue, je suis retournée à la même clinique pour consulter un neurologue pour Nicholas, qui avait commencé à ma grande consternation à refaire des crises d'épilepsie.

C'était très décevant car il n'avait pas eu de crises ces dernières années. Il avait arrêté de prendre du Vigabatrin, le médicament qui l'avait vraiment aidé à contrôler ses crises. Nicholas avait fait partie d'un groupe pilote pour tester ce médicament expérimental dans le département de neuropédiatrie de l'hôpital St Vincent de Paul à Paris. Malheureusement, ils ont découvert que l'un des effets secondaires du Vigabatrin touchait la vision, et ils ont arrêté. Nous devions donc essayer autre chose, et je ne savais pas trop quoi. Nous avions eu beaucoup de chance que les crises de Nicholas soient sous contrôle, mais maintenant qu'elles étaient revenues, je m'inquiétais, car je savais qu'il faut souvent un cocktail de deux ou trois médicaments différents pour obtenir des résultats positifs. De plus, il faut du temps pour atteindre les doses optimales de chaque médicament. Nous avons rencontré le neurologue, également français, je lui ai donné un peu l'historique de Nicholas et il a prescrit du Gabapentin. J'ai été un peu surprise qu'il ne planifie pas du tout d'EEG. Des mois plus tard, j'ai appris qu'il avait été renvoyé de la clinique et expulsé de Russie parce qu'il était un faux neurologue avec de fausses qualifications ! J'ai rapidement vérifié le Gabapentin et à ma grande inquiétude, j'ai découvert qu'il n'était généralement pas prescrit pour les crises épileptiques mais plutôt pour les douleurs chroniques ! Que faire ? Mais Nicholas semblait aller bien, alors j'ai laissé les choses en l'état pour le moment et j'ai pris note de contacter son neurologue à Vancouver dès que possible. Quand j'ai raconté l'histoire à Chris ce soir-là, pendant le dîner, il a mentionné Alexeï, l'un des chauffeurs de son bureau. Alexeï avait été très malade d'une pancréatite et avait été opéré, mais son état ne s'améliorait pas. Au contraire, il continuait à avoir des infections que les médecins traitaient avec de puissants antibiotiques. Il allait un peu mieux puis avait à nouveau de la fièvre. Finalement, son médecin a ordonné une radiographie et, à sa grande consternation, a vu que le chirurgien avait oublié une paire de ciseaux à l'intérieur ! Alexeï, il a été opéré à nouveau et il a fallu encore trois mois avant qu'il se rétablisse complètement ! Toute l'équipe du bureau était persuadée qu'il ne s'en sortirait pas. Au bout de trois mois Alexeï s'est senti renaître, a quitté sa femme pour épouser une Française rencontrée en ligne et vit maintenant dans le sud de la France, déterminé à profiter du soleil et de sa nouvelle vie.

Une fois Nicholas a eu une forte fièvre, et j'ai décidé d'essayer le système médical local car j'étais tellement déçue par le faux neurologue. J'ai donc demandé à Masha d'organiser une visite du médecin du quartier. Le médecin, la quarantaine, plutôt négligée, est arrivé à la maison à 9 heures du matin, empestant la vodka. Il s'est engagé dans une conversation animée avec Masha et a recommandé d'appliquer des tranches d'oignon cru sur le dos et sous les pieds de Nicholas !

Masha a souri avec approbation et s'est empressée de couper un oignon, mais j'ai aussi donné du Doliprane par précaution.

L'autre évènement marquant de l'année a été lorsque Shona a eu ses premières chaleurs, nous avons tous paniqué.

Chris a été le premier à s'exclamer : "Mon Dieu, que va-t-on faire ? Nous ne pouvons pas la laisser saigner partout dans la maison. Il faut la stériliser !"

Nadia, l'une des collègues de Chris qui avait un chien, nous a recommandé son vétérinaire. J'ai donc pris rendezvous, mais il ne voulait pas que nous venions à la clinique.

"Je préfère venir à la maison", a-t-il dit au téléphone.

Il a examiné Shona et a accepté de venir le lendemain avec son assistant pour effectuer l'opération. Je me sentais un peu mal à l'aise, l'appartement ne se prêtait pas vraiment à une opération chirurgicale mais il a dit que tout irait bien. Je devais simplement préparer des draps propres et de l'eau chaude, et il s'occuperait du reste.

Quand il est venu le lendemain avec son assistant, je me suis rendu compte que nous n'avions pas discuté de l'endroit où l'opération aurait lieu. Il a rapidement fait le tour de la maison pour arrêter son choix sur le bureau de Michael.

"Ici ce sera parfait !", a-t-il dit avec un sourire satisfait.

Nous avons dégagé le bureau des livres de Michael pour y mettre les draps. J'ai apporté un seau d'eau chaude et il m'a dit de quitter la pièce, qu'il m'appellerait quand tout serait terminé.

Deux heures plus tard, il est sorti et m'a remis une longue

liste concernant les soins postopératoires de Shona : des antibiotiques, un lavage vaginal, un antiseptique, des seringues, des compresses de coton...

Il m'a appelée dans la « salle d'opération », Shona dormait profondément sous l'anesthésie. Il a attrapé sa peau entre les épaules.

"Tenez-la fermement ici, et injectez les antibiotiques là, c'est très facile."

Je l'ai regardé fixement. "Moi ? Je. Dois. Faire ça ?"

"Ne vous inquiétez pas," a-t-il dit, "c'est très facile, tout ira bien..."

Au moment de partir, j'ai voulu écrire un chèque, mais non, il préférait de l'argent liquide, probablement pour ne pas payer des impôts.

Saïd est allé à la pharmacie chercher les médicaments. Le lendemain, j'ai regardé les instructions et Saïd traduisait. D''abord, appliquer l'antiseptique, puis le lavage vaginal trois fois par jour, puis les injections deux fois par jour, et une demi-douzaine d'autres choses. J'administrais une injection intramusculaire pour la première fois de ma vie, mes mains tremblaient un peu et je me sentais dépassée. Son traitement postopératoire devait durer dix jours selon l'ordonnance.

J'ai appelé mon amie Anna à mon secours. Elle m'a suggéré d'appeler le vétérinaire de l'ambassade de France. Bruno, le vétérinaire, vivait en Russie depuis dix ans et connaissait bien le système russe. Il a regardé l'ordonnance et a secoué la tête, les yeux au ciel :

"Ha ! Typiquement Russe, ils veulent tuer un moustique avec une bombe atomique !"

Il a réduit de moitié la liste de médicaments et pour une semaine au lieu de dix jours. J'ai poussé un soupir de soulagement.

En dehors des problèmes avec les médecins et les vétérinaires, jour après jour, nous en apprenions davantage sur le fonctionnement ou le dysfonctionnement du système russe, ainsi que notre place dans ce système.

J'ai commencé à donner des cours de bijouterie bilingue

français-anglais à la communauté expatriée et me suis fait de bons amis parmi mes élèves. J'ai également rejoint le groupe de femmes africaines à Moscou au sein duquel j'ai joué un rôle actif dans leur bazar annuel qui se tenait dans l'une des ambassades africaines.

J'étais toujours étonnée de la contradiction entre les magnifiques robes presque extravagantes des femmes des ambassades africaines et leurs voitures de luxe, sachant que certaines venaient de pays les plus pauvres du monde. Maintenir les apparences était très important. J'ai en fait développé ma propre théorie selon laquelle plus un pays est pauvre, plus les robes sont extravagantes.

Les ambassadeurs africains faisaient également partie d'un groupe de solidarité dont l'objectif principal était de rassembler de l'argent pour aider le malheureux ambassadeur qui ne pouvait pas rentrer chez lui à cause d'un coup d'État et qui avait cessé de recevoir son salaire, devenant ainsi une catégorie intéressante de réfugiés. Certains anciens ambassadeurs ne voulaient ou ne pouvaient plus retourner au pays et ne voulaient pas non plus quitter l'ambassade créant des maux de tête diplomatiques au pays hôte.

À travers l'Association des Femmes africaines à Moscou (AFAM), j'ai rencontré Gladys, originaire du Ghana, dont le mari était conseiller culturel à l'ambassade d'Allemagne. Gladys était grande, mince et belle. Elle avait également fait ses études à l'Université McGill au Canada, où son père avait été ambassadeur du Ghana. Nous nous sommes immédiatement bien entendues, je pense que ce qui nous a naturellement rapprochées était aussi le fait que nous étions toutes les deux mariées à des "blancs" ! Son mari est devenu par la suite ambassadeur d'Allemagne en Inde.

Notre cercle social s'est agrandi avec André et Agnès Rasolo de l'ambassade de Madagascar à Moscou. André était premier conseiller à l'ambassade, et sa femme Agnès était responsable de ma retraite de confirmation lorsque j'étais au lycée à Antananarivo, Madagascar. Nous étions tellement heureuses de nous retrouver après 30 ans tout à fait par hasard !

Je me suis également impliquée dans des activités de levée

de fonds pour protéger le magnifique tigre de Sibérie, en voie d'extinction, avec seulement environ 500 individus restants. Le film "Dersou Ouzala" dépeignait la nature sauvage de la Russie orientale et sensibilisait à la situation critique du tigre de Sibérie ainsi qu'au mode de vie en voie de disparition des trappeurs et de leur environnement.

Last but not least, avec les autres conjoints des Nations Unies nous avons créé un groupe amical pour diverses activités sociales : visiter Moscou, sortir le soir au restaurant etc.

Avec le temps, notre intérêt pour la culture russe a grandi et nous avons eu la chance de passer un week-end à Souzdal, l'une des plus anciennes villes russes située à la périphérie de Moscou. J'ai vu une annonce dans le Moscow Times proposant de passer des week-ends dans une « datcha » authentique, une maison de campagne russe. Souzdal a été fondée en 1024 et elle est la plus petite des villes de la périphérie de Moscou, avec environ 10 000 habitants.

Nous avons laissé Michael et Nicholas avec Olianova, et

nous avons emmené Saïd pour nous conduire. La datcha était rustique mais confortable, elle appartenait à un Américain marié à une Russe. Nous avons dormi sur un grand lit bien chaud grâce à une traditionnelle marmite de charbon en dessous. Le soir, nous sommes allés dans un restaurant où nous avons dégusté du thé versé à partir d'un samovar, cette urne à thé richement décorée et traditionnellement utilisée pour chauffer et faire bouillir l'eau. En fin de soirée, une chorale russe, vêtue de rouge et de blanc, nous a enchantés avec leurs magnifiques chants traditionnels. Que c'était beau ces chants et danses folkloriques ! Souzdal compte aussi de nombreux monuments historiques importants et des sites architecturaux, dont plusieurs sont inscrits au patrimoine mondial de l'UNESCO.

Notre voyage a eu lieu en février et il faisait extrêmement froid, mais ce séjour est resté gravé dans notre mémoire comme l'une des meilleures expériences de notre séjour en Russie. Cela nous a donné un aperçu de la véritable Russie, loin des oligarques et des Novy Ruski (les nouveaux riches). Passer un week-end à la campagne a été une expérience rafraîchissante pour nous. Les gens dans la rue semblaient plus authentiques et désireux d'engager une conversation. J'ai acheté un bonnet et une écharpe tricotés à la main auprès d'une dame âgée portant des bottes épaisses et un manteau lourd, la vraie babouchka. Elle m'a parlé comme si je comprenais parfaitement le russe, et j'étais flattée.

Le dimanche matin, nous avons visité l'église locale que, selon Saïd, Poutine lui-même fréquentait de temps en temps. C'était intéressant de voir la dévotion du peuple russe malgré un demi-siècle de communisme.

Sur le plan du travail, Chris faisait face à ses propres problèmes avec la bureaucratie russe. Le Programme Alimentaire Mondial avait envoyé 2 800 tonnes de blé américain enrichi en fer destiné à la Tchétchénie. Lors de l'inspection, les autorités sanitaires russes ont déclaré que la teneur en fer du blé était trop élevée et toxique, et qu'ils ne pouvaient pas permettre le déchargement. De plus, les autorités portuaires de Saint-Pétersbourg ont demandé un million de dollars américains de frais de stockage. Chris a négocié les frais à la baisse, à 500 000 dollars, ce qui restait une somme importante. Entre-temps, il a envoyé des échantillons du blé dans un laboratoire indépendant britannique, qui a déterminé preuve à l'appui que le blé était parfaitement adapté à la consommation humaine.

"Нет" (Niet), ont répondu les Russes.

Chris était à bout de patience, ne dormait plus et perdait ses cheveux à cause de cette histoire de blé. Cela a duré près d'un an. De toute évidence, la raison réelle était politique : les Russes ne permettraient pas à une aide alimentaire donnée par leur ennemi de la guerre froide d'aller en Tchétchénie, un pays avec lequel ils étaient en guerre brutale depuis plus de dix ans. Chris a fini par appeler son siège à Rome pour demander conseil.

"Que dois-je faire de ce blé ? Il est stocké dans le port depuis des mois sans une issue en vue, et nous devons payer des frais quotidiens..."

Après une semaine, la réponse est arrivée de son siège.

"Envoyez le container en Afghanistan ! Ils en ont besoin là-bas, en plus ils ont combattu les Russes..."

Chris a poussé un soupir de soulagement et après quelques semaines de négociation supplémentaires, cette fois entre le bureau de l'Afghanistan et le siège, les 2.800 tonnes de blé américain enrichi en fer ont finalement quitté Saint-Pétersbourg après huit mois bloqués dans le port.

Une autre fois, il s'est fait hurler dessus par un officier du FSB. Le FSB est l'entité gouvernementale qui a remplacé le KGB. Le FSB avait fait une descente dans une base de rebelles tchétchènes et a découvert des sacs de nourriture du PAM cachés dans un coin. Bien que le bureau de Chris prenne le plus grand soin à livrer l'aide alimentaire uniquement aux bénéficiaires, une partie finissait inévitablement entre les mains des rebelles. C'était tout simplement impossible de tout contrôler. L'officier a traité Chris de tous les noms dans un anglais approximatif. Chris a joué l'étranger ignorant :

"Désolé, je ne comprends pas bien ce que vous dites, pouvez-vous répéter s'il vous plaît..."

Jusqu'à ce que l'officier, exaspéré, raccroche.

Et au milieu des événements de notre vie à Moscou, il y avait toujours un petit événement qui nous rappelait la véritable raison pour laquelle nous étions en Russie.

Un soir, Chris est rentré après l'un de ses voyages en Ingouchie, visiblement bouleversé. Il avait visité un camp de réfugiés pour évaluer leurs besoins et avait remarqué une femme poussant une adolescente en fauteuil roulant. Il a demandé à son assistant qui elle était et on lui a répondu que c'était la mère de l'adolescente, qu'elle était veuve, son mari ayant été tué par l'armée russe.

Bien que cela sortait du cadre de sa mission, Chris a voulu rendre visite à la petite famille. Elles vivaient dans une cabane avec des impacts de balles sur les murs et des matelas par terre. Toute la situation respirait le désespoir. Avec notre fils Nicholas, nous savions à quel point la vie peut être difficile quand on a un enfant handicapé mais au moins Chris avait un bon travail et une assurance médicale le couvrant ainsi que sa famille.

Nicholas avait accès à l'école et aux services médicaux. Il était difficile d'imaginer comment cette veuve pouvait s'occuper de sa fille handicapée en temps de guerre. Les larmes aux yeux, Chris s'est assuré que la mère recevait tout ce à quoi elle avait droit et lui a discrètement donné tout l'argent liquide qu'il avait, se demandant ce qu'il pouvait faire de plus pour aider.

Avec le groupe des Femmes Africaines de Moscou

Rachelle Rasolofo-Czerwinski

Moment avec Shona

AÉROPORTS

Pendant notre séjour de deux ans en Russie, nous avons passé beaucoup de temps dans les aéroports, voyageant à Vancouver une ou deux fois par an pour les vacances d'été et de Noël. Il se passait toujours quelque chose dans les aéroports, toujours des défis, surtout lorsque nous voyagions avec Nicholas. Par exemple, l'emmener aux toilettes nécessitait toujours de la créativité, car les toilettes de l'avion n'étaient pas conçues pour deux personnes et nous devions être deux. Donc, l'équipage tenait une couverture devant la porte parce que nous ne pouvions pas la fermer !

Puis il y a eu le jour où Chris et moi, nous étions à bord d'un vol de Scandinavian Airlines reliant Moscou à Copenhague. Nous étions assis derrière un jeune homme russe qui avait apporté sa propre bouteille de vodka et en buvait toutes les cinq minutes. Finalement, l'hôtesse lui a dit que c'était contre les règles et qu'il devait arrêter et ranger la bouteille. Il a continué à boire comme s'il n'avait rien entendu. Au bout d'un moment, elle est revenue et lui a dit avec sévérité que s'il ne rangeait pas la bouteille immédiatement, elle devrait en informer le capitaine et la confisquer.

Il a continué à boire.

L'hôtesse est revenue, cette fois avec le capitaine, qui lui a dit que s'il ne renonçait pas immédiatement à sa bouteille, il allait prévenir la police. Le jeune Russe les a ignorés comme si de rien n'était et a continué à boire en regardant défiler les nuages à travers le hublot. Au moment de l'atterrissage, nous avons entendu des sirènes approcher de l'appareil. Des hommes en uniforme sont montés rapidement dans l'avion et ont pris le jeune homme de son siège *manu militari*.

Je me suis tournée vers Chris :

"Tu vois ce qui arrive lorsqu'on ne contrôle pas sa consommation d'alcool !".

Puis il y a eu le moment où Mike, Nicholas et moi avions pris l'avion de Moscou à Francfort pour nous rendre à Vancouver. Nous devions prendre un vol de Lufthansa à

Francfort et avions réservé une assistance spéciale pour Nicholas, donc ils nous ont permis d'embarquer en premier. Nous étions sur le point de nous installer à nos sièges lorsqu'un membre de l'équipage nous a proposé de nous asseoir ailleurs, plus près des toilettes.

"Ce sera plus facile pour Nicholas", a dit le membre de l'équipage avec un sourire. "Nous donnerons d'autres sièges aux passagers qui devaient s'asseoir ici. Je suis sûr qu'ils comprendront."

Nous nous sommes assis là où on nous a demandé de nous asseoir. L'avion se remplissait lentement. Un couple s'est approché de nous et a regardé les numéros de siège.

"Ja, ja", a marmonné l'homme avec un fort accent allemand. "12C et 12D, ce sont nos places."

"Je sais", ai-je dit en cherchant un membre de l'équipage du regard, "on nous a demandé de nous asseoir ici."

"CE SONT NOS SIEGES !", a martelé l'homme, nous faisant signe de nous lever. "Davai, davai, auf auf !"

Il criait maintenant, attirant l'attention des autres

passagers qui ont commencé à regarder de notre côté. Mike a tiré ma main. "Allons-nous déplacer, maman."

Finalement, une hôtesse est venue et a essayé d'expliquer en allemand pourquoi nous étions assis à leur place.

"Nous vous donnerons d'autres places, de meilleures, là-bas..."

"Nein, Nein, auf auf !"

L'Allemand ne voulait rien entendre, ces sièges étaient les siens et il n'en voulait pas d'autre.

Le membre de l'équipage nous a finalement déplacés vers d'autres sièges tout en marmonnant, "Ces Allemands de l'Est, quels impolis !"

J'ai dit que ce n'était pas grave, que ça ne nous dérangeait pas. Plus tard, après le décollage de l'avion, le même membre de l'équipage est venu nous voir avec un sourire en coin : "Ne vous inquiétez pas, c'est un long vol - ils vont souffrir !"

British Airways et Lufthansa étaient généralement assez bons, avec des salles d'attente spéciales pour les personnes ayant besoin d'assistance. À Heathrow, l'espace d'attente s'appelait même "Serenity Lounge ! L'espace Sérénité" et le personnel était généralement très serviable.

Parmi tous les aéroports que nous avons connus, l'aéroport de Sheremetyevo à Moscou était sans conteste le pire de tous.

En janvier 2004, Nick et moi rentrions à Moscou après nos vacances de Noël à Vancouver. Habituellement, Chris partait plus tôt pour retourner au travail et laissait, les garçons et moi profiter de vacances plus longues. Cette fois-ci, Michael a décidé de voyager avec son père, laissant Nicholas et moi voyager ensemble. Je commençais à m'habituer aux longs vols, même si m'occuper d'un jeune adulte avec un grave handicap était toujours un défi. Nous devions être particulièrement organisés et réserver une assistance spéciale ainsi qu'un fauteuil roulant.

Un préposé poussant un fauteuil roulant nous attendait à l'arrivée de l'avion. J'ai assis Nicholas et nous voilà partis passer les douanes et le contrôle des passeports. Les guichets de sécurité se trouvaient un étage plus bas, donc notre accompagnateur nous a conduits vers l'ascenseur le plus proche. Son anglais était basique, tout comme mon russe. Il a fermé la porte de l'ascenseur et a appuyé sur le bouton descente. Rien ne s'est passé. Il a appuyé à nouveau.

Rien.

"Ouvrons la porte et essayons à nouveau", ai-je dit.

La porte ne s'est pas ouverte. Nous avons appuyé différents boutons pendant quinze minutes : Bouton descente, bouton ouverture, bouton alarme.

Rien.

J'ai décidé de frapper sur la porte en verre pour attirer l'attention de quelqu'un.

Rien.

Les gens marchaient rapidement, jetant un coup d'œil à leur montre. Après une demi-heure dans l'ascenseur, il a commencé à faire chaud. J'ai enlevé le manteau de Nick et le mien. Nous avons appuyé à nouveau sur le bouton descente, ensuite sur le bouton ouverture.

Rien.

J'ai frappé à la porte, cette fois-ci vraiment fort parce que j'avais repéré une femme en uniforme qui s'approchait de l'ascenseur. Elle s'est arrêtée à la porte.

"Nous sommes coincés, pouvez-vous nous aider ?" ai-je crié.

Elle a appuyé sur le bouton d'ouverture, mais rien ne s'est passé.

"D'accord, je vais chercher de l'aide", a-t-elle dit.

Ouf, quel soulagement ! J'ai commencé à remettre le manteau de Nick. Nous avons attendu encore quinze minutes. La dame n'est pas revenue. J'ai de nouveau enlevé le manteau de Nick, envahie de désespoir et ne sachant plus quoi faire.

La place confinée empestait la vodka ; notre accompagnateur avait clairement bu avant son service. Je transpirais et commençais à avoir la nausée. La femme nous avait peut-être oubliés, ou elle en a parlé à quelqu'un qui n'a pas jugé nécessaire de venir.

J'ai demandé à l'accompagnateur de frapper à nouveau à la porte, aussi fort qu'il le pouvait. Finalement, une autre femme en uniforme s'est arrêtée.

"S'il vous plaît, ouvrez-nous, nous sommes coincés !" ai-je crié.

Elle nous a regardés et a haussé les épaules. "Désolée, ce n'est pas mon département."

J'étais perplexe. "Alors, c'est quel département, s'il vous plaît ?"

"Je ne sais pas. Désolée, je ne peux pas vous aider", et elle est partie.

Vive le Communisme !

J'aurais voulu la frapper. J'étais tellement fatiguée : fatiguée du vol de dix heures, fatiguée de ce foutu pays, fatiguée de cet homme empestant l'alcool et par-dessus tout fatiguée d'être seule responsable du bien-être de Nicholas.

Nous avons frappé de nouveau à la porte, cette fois-ci

ensemble. Un monsieur s'est arrêté.

"Êtes-vous en difficulté ? Puis-je aider ?" Il avait un accent américain.

Je lui ai demandé d'appeler mon mari et de lui faire savoir que nous étions coincés et de demander de l'aide. Il a également essayé d'ouvrir la porte mais n'a pas réussi. Il a promis de faire de son mieux. Je voulais m'allonger par terre et pleurer et m'endormir. Nous venions de faire un vol de dix heures et nous étions maintenant depuis plus de deux heures à l'aéroport, coincés dans cet ascenseur. Nicholas n'avait pas dîné et j'étais sur le point de craquer et de crier. Je n'en pouvais plus.

Je me suis tenue dans un coin de l'ascenseur ne sachant plus quoi faire. J'ai vu notre accompagnateur faire signe à une femme. Elle s'est arrêtée devant l'ascenseur, il lui a dit quelque chose en russe. Elle a secoué légèrement la porte, a appuyé sur le bouton et la porte s'est miraculeusement ouverte ! Elle est entrée et a appuyé sur le bouton descente, et nous sommes descendus ! Pfuitt ! Je n'en croyais pas mes yeux !

Nous avons passé le contrôle de sécurité dans un état de stupeur, récupéré nos bagages et sommes finalement arrivés à la maison une heure plus tard.

Chris était assis dans son fauteuil, concentré sur un match de hockey sur glace. J'avais une forte envie de le frapper et de crier. Nick devait être nourri et mis au lit. Après l'avoir couché, je me suis allongée dans mon propre lit en me répétant : *je ne peux plus continuer comme ça, non, je ne peux plus continuer comme ça plus longtemps...*

Qu'est-ce que ma vie aurait été différente parmi les hibiscus en Indonésie...

Au cours de l'été 2005, Mike s'est préparé pour sa remise de diplôme de baccalauréat. Son bal de promo était spécial car avec trois autres amis, ils ont loué une limousine de luxe. Ils ne voulaient pas être surpassés par les enfants des milliardaires oligarques russes.

Le lendemain de son bal de promo. Saïd est venu comme d'habitude pour récupérer les clés de la voiture et la démarrer. Il est revenu quinze minutes plus tard, le visage perplexe.

"Je ne comprends pas, la voiture n'est pas garée à sa place habituelle, en plus elle n'a plus d'essence dans le réservoir, je suis sûr qu'il était plein hier."

Après quelques recherches, il est apparu que Mike avait pris la voiture familiale pour une virée en ville sans permis de conduire et par pure chance, l'avait ramenée sans une égratignure, juste à quelques pas de son emplacement d'origine !

Il a obtenu son diplôme en mai 2005. Avec son baccalauréat international en poche, il a postulé et a été accepté à l'Université de la Colombie-Britannique, à Vancouver.

Mike était prêt pour la prochaine étape de sa vie. Il en avait assez du racisme flagrant de Moscou. Lors d'un voyage scolaire à Saint-Pétersbourg, il etait allé dans une boîte de nuit avec sa classe et s'est vu refuser l'entrée au nom du "face control". C'est un processus où le videur à l'entrée de tout établissement peut refuser l'entrée à quiconque en se basant sur son apparence physique ! La classe a fait preuve de solidarité envers Mike et ils sont tous partis pour un autre endroit.

Avec la fin du lycée pour Mike, le temps était venu pour moi de prendre certaines décisions. Après réflexion, j'ai dit à Chris que je souhaitais retourner à Vancouver avec les enfants. Je ne voyais vraiment pas comment j'allais réussir à jongler entre un jeune rebelle de 18 ans en première année d'université au Canada, un jeune de 17 ans qui ne pouvait ni parler, marcher ou manger seul, et un mari basé en Russie. C'était tout simplement trop de défis pour moi. Je savais au fond du cœur que je ne pouvais plus continuer à vivre la vie que j'avais mené ces 20 dernières années

Par le passé, j'avais toujours réussi à tirer le meilleur parti des affectations de Chris et créer une vie pour nous dans chaque pays, y compris transformer chaque maison en un foyer. Mais cette fois-ci, pour la première fois je ne suivais pas Chris, j'ai choisi de rester à Vancouver avec nos enfants. Cela semblait si nouveau et étrange parce que je ne l'avais jamais fait auparavant.

Je désirais ardemment retourner à Vancouver, vivre dans l'appartement que nous avions acheté deux ans auparavant.

Nous y sommes restés seulement six semaines par an. J'avais besoin de prendre des racines. Je n'avais plus la force physique et émotionnelle de faire face au stress constant et aux défis de déménager d'un pays à l'autre, surtout avec un enfant handicapé.

Nous sommes partis en tant que famille de quatre personnes en juillet 2005 en sachant que Chris retournerait à Moscou seul. C'était la fin d'une époque.

Nous avions voyagé à travers le monde pendant deux décennies :

Deux ans au Mali, en Afrique de l'Ouest ;

Deux ans à Djibouti, en Afrique de l'Est ;

Cinq ans à Rome, en Italie ;

Quatre ans à Pékin, en Chine ;

Cinq ans au Caire, en Égypte ;

Deux ans à Moscou, en Russie.

Maintenant, les deux garçons et moi allions enfin nous installer à Vancouver, au Canada, l'endroit où j'étais arrivée il y a 21 ans. C'était la fin d'une longue période de ma vie. J'avais beaucoup voyagé, j'ai été assise à côté d'ambassadeurs et de chefs d'État, et rencontré des gens du monde entier. Maintenant, je me préparais à laisser cette vie derrière moi et à me lancer dans une nouvelle aventure au Canada.

Chris est retourné à Moscou en août. Il n'était pas tout à fait seul, car notre chien, Shona, attendait son retour avec impatience. J'avais également arrangé pour que Sonia, une femme immigrée du Tadjikistan, vienne deux fois par semaine faire le ménage.

J'ai organisé notre nouvelle vie au Canada cette fois ci en tant que résidents permanents plutôt que vacanciers. Chris et moi avons commencé une relation à distance, en voyageant régulièrement entre Moscou et Vancouver plusieurs fois cette année-là. Cela demandait encore beaucoup de temps et d'efforts, mais au moins nous étions maintenant installés quelque part définitivement et, après la Russie, le Canada était une brise, si organisé, si logique. Oui, je devais organiser la scolarité et les soins de

Nicholas, mais pour la première fois de notre vie, nous avions affaire à des professionnels : des travailleurs sociaux, des enseignants et des médecins, tandis que dans tous ces autres pays, je devais être un peu tout : maman, gestionnaire, coordinatrice d'activités et formatrice.

À l'été 2006, Chris a été envoyé à Darfour, au Soudan. Je suis allée à Moscou une dernière fois pour organiser l'envoi de nos effets personnels et pour fermer la maison. J'ai vendu certains objets, en ai donné d'autres et en ai jeté beaucoup. Nous avons hésité à ramener Shona au Canada et j'ai commencé à chercher une nouvelle famille pour elle. Nous avons publié une annonce dans le Moscow Times et une famille américaine nouvellement arrivée était prête à l'accueillir. Ils sont venus chez nous plusieurs fois pour rencontrer Shona, puis nous l'avons laissée chez eux pendant un week-end. Ils nous l'ont rendue le lendemain en disant qu'elle était trop malheureuse, donc nous avons décidé de l'emmener avec nous au Canada.

Sonia, la femme de ménage, m'a demandé ce que j'avais prévu de faire avec Shona. "Je pense que nous allons l'emmener avec nous", ai-je dit.

"Ce n'est pas compliqué ?" a-t-elle demandé, "avec tous les papiers ? et en plus le billet d'avion doit coûter cher ?"

"Ce n'est pas si compliqué", ai-je répondu, "elle a juste besoin de quelques vaccins et son billet d'avion coûte 300 dollars, beaucoup moins cher que le nôtre."

Elle est restée silencieuse, la tête appuyée sur l'aspirateur.

"Sonia ?"

Elle poussa un long soupir en relevant la tête : "Qu'est-ce que j'aurais voulu être un chien !"

Après l'arrivée de Shona à Vancouver et sa libération par les services de douanes, sa première action sur le sol canadien a été de se soulager, marquant ainsi son nouveau territoire. Ensuite, elle a couru sur l'herbe verte du Canada à l'extérieur de l'aéroport international de Vancouver. Je me souviendrai toujours de cette scène, de Shona, ce chien des rues moscovites, courant librement sur l'herbe canadienne, sa queue en l'air, et moi, regardant avec des larmes de joie et de soulagement. Nous étions enfin tous réunis, prêts à commencer notre nouvelle vie au Canada.

Et de temps en temps je pense à Sonia, la femme tadjike qui aurait tellement souhaité être un chien pour pouvoir venir au Canada…

Rachelle Rasolofo-Czerwinski

Moment câlin avec Maman

REMERCIEMENTS

Mes remerciements et ma gratitude à mon amie Lola Ravolo qui a apporté ses compétences à la version finale du livre avec passion, patience et expertise.

Merci à Saïd, Masha, Anya, Tatyana, Oly, Lalao et tant d'autres qui ont contribué à rendre notre séjour en Russie non seulement supportable, mais aussi intéressant.

Merci à mes lectrices Lucienne Rabaharisoa et Carine McEwen-Bocabeille : Vos commentaires et encouragements sont grandement appréciés.

Mes remerciements spéciaux à ma chère belle-mère, Marianne Czerwinski, qui a conservé des copies de toutes nos lettres pendant 20 ans et me les a rendues avant sa disparition. Ces lettres ont constitué la base de ce livre.

Merci à Chris de nous avoir offert une vie intéressante même si elle n'était pas sans défis.

Merci à Michael qui a dû faire face aux complexités d'une vie nomade avec un frère non verbal et une mère très occupée. Mike, je suis désolée de ne pas t'avoir accordé le temps et l'attention dont tu avais besoin et que tu méritais. J'espère que tu me permettras de me rattraper.

Et bien sûr, merci à Nicholas, le plus grand des enseignants, qui a fait ressortir le meilleur de moi-même et continue de le faire. La vie avec Nicholas est la vie qui m'a choisie, pas celle que j'aurais choisie, mais cette vie a fait de moi ce que je suis aujourd'hui, probablement la meilleure version possible de moi-même.

J'ai également réalisé que Nicholas n'avait pas choisi sa vie non plus, n'avait pas choisi de naître avec de graves handicaps et cela me brise le cœur. Pourtant, il a accepté sa vie avec grâce et résilience.

Nicholas, tu ne t'es jamais plaint, tu es toujours resté de bonne humeur malgré le fait que tu n'as jamais pu faire ce que 90% de la population tient pour acquis : grimper un arbre, monter à bicyclette, prendre une bière avec des amis, aller danser avec l'amour de ta vie. Tu m'as appris la résilience et l'ingéniosité. Tu m'as donné certains de mes meilleurs ami-e-s. Tu m'as donné bien plus que je ne pourrais jamais te donner.

Nicholas était le meilleur adolescent du monde : pas d'injures, pas de drogues sauf les antiépileptiques, pas d'alcool sauf les antiseptiques, pas de malbouffe sauf les chocolats enrobés de beurre de cacahuètes. Il me laisse encore acheter ses vêtements ; il ne se plaint jamais sauf en cas de douleur intense. Il aime la musique, l'eau et les balades en voiture, des goûts très simples qui le rendent si facile à satisfaire. Il tire vos cheveux pour vous montrer qu'il vous aime. Et... il fait ressortir le meilleur de chaque personne qu'il rencontre, contribuant ainsi à rendre ce monde plus accueillant et inclusif.

Donc, sans toi Nicholas, il n'y aurait pas d'histoire ni de livre. Avec tes besoins spéciaux, tu as transformé notre vie d'expatrié en une vie spéciale, qui mérite d'être racontée car je ne connais aucune autre famille qui a autant voyagé avec un enfant ayant des besoins médicaux aussi complexes.

Nick, ce livre est pour toi, mon enfant extra-ordinaire qui a fait de moi une maman extra-ordinaire.

Merci.

Rachelle Rasolofo-Czerwinski